森信三先生随聞記

terada issei
寺田一清

人間は一生のうち
逢うべき人には必ず逢える。
しかも一瞬早すぎず、
一瞬遅すぎない時に――。

致知出版社

はじめに

かねてより、『森信三先生随聞記』を、ぜひ書き遺しておきたいというのが、わたくしの多年の願いでした。ご生前二十七年も直接面授、教えを蒙った者として、最大の義務とさえ思っておりました。

思えば今年は、森信三先生の生誕一一〇年の年であり、わたくしにとって、道縁を頂いて四十年の記念すべき年にあたり、ここに今生最後の誓願を成就させて頂いたことは、まことに有難い極みと実感しております。

もとより愚昧凡庸《ぐまいぼんよう》のわたくしが、ここまでお導き頂けたのは、もっぱら、先生とのお出逢いなくしては、全く考えられないことゆえ、この書の内容は、お粗末の限りで、たとえ九牛の一毛に値《あた》いしないものであろうとも、わたくしにとっては、ひたすら感謝の徴《しる》しであります。

それはさておき、わが国の教育史上、はたまた哲学史上、歴史に輝く偉大な業績を遺された第一人者の片影でもお伝えできたら幸慶の至りであります。まことに、晩年自ら「不尽」と号されたように、霊峰不二がわが国土の象徴であるように、先生は、邦国日本の栄誉と仰がれても過言ではないとさえ、思考いたしております。

奇しくも今年は戦後六十年の節目の年にあたりますが、世界人類のリーダーたるべき日本民族の現状は、まことに憂慮にたえないものがあり、心ある方々の深く憂えるところであります。この期にのぞんで、今や微《かす》かな動きがその底流に始まりつつある手ごたえを、確かに感じる昨今であります。

それと同時に、不尽先生の遺訓に活眼をひらき着目下さる方が、人から人へと伝播しつつある現状です。この小著が何らかの一役を果しうるなれば、いつなんどき瞑してても悔いなしとさえ思っております。

森信三先生随聞記 ※ 目次

二、哲人尊徳翁

三、ネオ行者

四、元旦試筆

五、有馬の一夜

六、人間透察

七、「心願」を内に

◇装幀――川上成夫

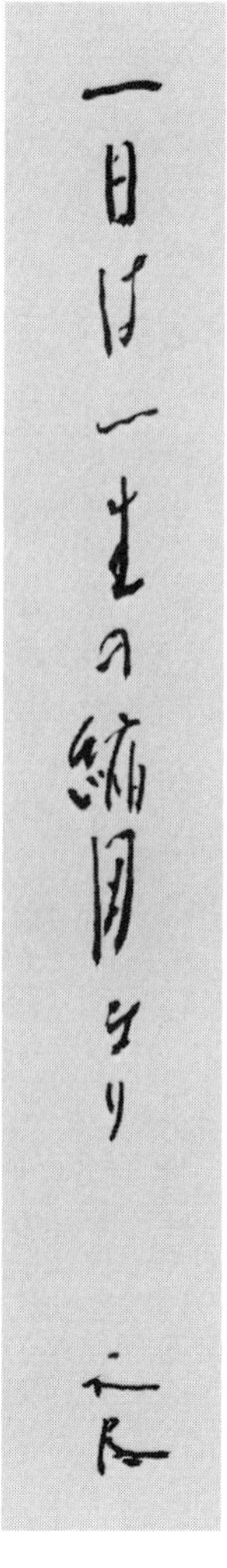

一、人生生死あり

「人生生死あり」

この一句は、頼山陽が十三歳の正月に作った「立志の詩」の一節です。すなわち「十有三春秋。逝《ゆ》くものは水の如し。天地始終なく、人生生死あり。いずくんぞ古人に類して、千載青史《せんざいせいし》に列するを得んや」という一連の詩です。森先生は、高等小学校の二年で、数え十三歳の正月に、例年の如く、養父に連れられて祖父の元に年頭の挨拶に行った時、この詩が読めるかと問われ、残念にも読めなかった無念さは、生涯を貫き、これが後年、三十五歳にして、「人生二度なし」という根本真理の開眼となり、人間教育の一枚看板となりました。実に、「何といっても『人生二度なし』こそは、この世における最大最深の真理というべきである」と、必ず人生論・教育論の冒頭において掲げられるにいたっております。

ところで、「人生二度なし」のこの絶対的真理とは、平たく言えば、
㈠　後悔しないような人生の日々を送るように心がけること
㈡　人生必ず始めあれば終末があることを寸刻も忘れないように
㈢　この地上、一回限りの唯一無二の人生の使命を遂行するように
との深義と思えます。この「人生二度なし」の真理が、通身徹骨、瞬時も忘れることなく身につくためには、幾多の体認心証を経なければならぬものと、思われてなりません。

森先生の「**念々死を覚悟して真の生となる**」の厳しい一語は、幾多の辛酸つまり生死の巌頭《がんとう》に立つ人生の辛酸なる体験を経てこそ言えるコトバであろうとお察ししますが、あわせて森先生の信仰の根本である「**人間はこの世の使命を果すべくおのおのこの地上に派遣せられた者である**」も重ねて噛みしめたいと思います。

「孝」の哲理

「親孝心」の教えに、若き日より接してきたわたくしは、頭で理解しながらも、未だ釈然としないモヤモヤが残っていました。そのモヤモヤが何かさえも判りかねる状態でした。ところが、西晋一郎先生の「**親より受けた恩の有無厚薄を問わない。親即恩である**」の一語を聴くに及んで、そのモヤモヤの正体がわかり、肚にやっと納った感がいたしました。これも西先生の言葉を、森信三先生から教わったご恩徳によります。しかも徳うすき私はすでに四十一歳の年を重ねておりました。

「有無厚薄」とは、比較相対の世界で、その相対観に執しておったわけで、「父母即恩」の恩寵所生の絶対観にいたり得なかったわけであります。その開眼の機を与えて頂いた西晋一郎先生へのご恩報じの一端として昨年、『人倫の道』と題し、西晋一郎先生語録を、出版発行頂いたわけであります。
また先年、森信三先生の校閲を得まして『不尽小典』の小冊の中に、
この世にこの身この生を享けしは父母ありての故なり。
しかもわが生は、わが選びしに非ず、己が恩慮分別を超えたる運命的所与とや云わむ。而して父母もまた然るなり。父母また連綿たる父祖の生命《いのち》を継《つ》ぐ者なり。かくて無量の業縁を承《う》けてわれ今ここにこの生を享く。まことにこれ厳粛たる絶対事実にあらずや。――（後略）
申すまでもなく「孝即敬愛」として人間霊性の中心にすえたのは、近江聖人の中江藤樹先生であります。

『契縁録《けいえんろく》』

いま、わたくしは、『契縁録』㈠・㈡・㈢をとり出して、ページをくりつつ読みふけっております。そもそもこの「契縁録」なるコトバは、不尽先生のすぐれた造語ではなかろうかと思います。契《ちぎ》りしご縁の記録という意味です。契とは契約の契です。ともかくも「縁あって心の相触れた方々に、それぞれの人生の歴程のあらましをお書き願い、それを一冊にまとめて戴けたら」という願いをこめておられます。

不尽先生はしばしば、仰言られました。

○『全集』はこの地上に残して置くが、この『契縁録』だけは、あの世まで持ってゆかねばならぬ。

○今後いかほどの残生が恵まれるかは、もとより知るべくもありませんが、しかし命終のその日まで、幾十たびとなく繰り返しひもといて飽くことを知らぬわたくしの最大の「愛読書」は、ついにこの一巻だということについては、も早これ以上の贅言《ぜいげん》を要しないことでしょう。――とまで書きのこしておられます。それは昭和四十四年七月のことでした。

思えば、『契縁録』第一集は、森信三先生の『全集』二十五巻刊行記念として、森先生の発案により企画され、当時の「尼崎グループ」の労によるものです。

そして『契縁録』第二集は、森信三先生の『続全集』八巻の刊行記念とし、森信三先生の「米寿」の御祝として昭和五十九年に発行されたものです。

そして『契縁録』第三集は、森信三先生の百寿祈願事業の一端として平成四年三月発行されたもので、それぞれ記念すべき年に発行され今なお滋味尽きぬものです。

『大愚の書』

宮崎童安という方に『大愚の書』があります。その序文を、森先生は書いておられます。

「童安・宮崎安右衛門氏は、明治の終りから大正期に輩出した西田天香・江渡狄嶺《てきれい》・伊藤証信・髙田集蔵・岡田播陽・堀井梁歩等、一群の野の思想家の一人であると共に、これらの人々とは親しい間柄であった。わたくし自身は、京都の福田武雄氏夫妻を介してこれらの人々の存在を知ったが、なかんづく童安さんとは親しかった。それは福田氏御夫妻が共に童安さんを師として心から尊敬しておられたからである」

――とありまして、先生が、いかに「野の思想家」からも学ぼうとせられたか、その経緯の最もうかがわれる一文です。

ひきつづき「童安さんは武蔵野の一角に住まれたが、所謂定職をもたず、終生第一義に生きた人であり、それを支えたものは氏は心から尊敬した聖フランシスカや、良寛及び桃水等の先人の生き方、及び当時全国に散在していた少数有縁の同志の喜捨によったものであろう。

この様に定収なくして、しかも終生道を求めて止まなかった童安さんの生涯は、わたくしにも年と共に深く身に沁むものがあり、随って氏の書かれた物は、たとえ断篇片章といえども、尊重おく能わぬ感もて尊重し敬読するのである」――とあります。ここに長々と引用しましたのも、いかに森先生は、「在野の思想家」からも、大いに学ぼうとせられたか、ということが端的にうかがわれるからであります。そして、それは何故かと問えば、それは森先生も結局、一代かけて、「信」とは何か「信仰」とは何かを、探求しつづけた人であったからであります。

「石笛」

『坂村真民自選詩集』の初版が発行されたのは、たしか、昭和四十二年ではなかったかと思われます。丁度わたくしの厄年に当りましたので、百冊購入し、親族や友人知己にお配りしたように思います。その巻頭に、長文にわたる森先生の序文が掲げられており、明智透徹の眼力をここにも拝察できるわけです。

ついで乍ら、先生は二百余篇を越える序文を遺しておられますが、その中でも、後世に遺すものとして、一身を賭して書かれたものは、この真民先生の『自選詩集』の序文と、福岡正信著『無』と、東井義雄著『培其根』の序文と、お聞きしたように思います。

さて、坂村真民先生と、森先生との出会いは、真民先生が宇和島高校の国語教師をしておられた頃で、その当時から「詩作」に着手しておられたのですが、森先生が宇和島に来講、宿泊せられるとのことを聞かれ、「短歌の道か詩の道か」その岐路に立ち選択に迷われた時、先生の許に相談すること三度、その揚句の果て、一心決定、詩作の道を貫かれた話は、周知の通りです。

ところで、真民先生からお聴きする所、ある日森先生が来泊せられた際、「石笛」をきかせて欲しいと所望せられたのは、森先生ただひとりであるとのことで、その神韻の音色に耳を傾けられた面影が忘れ得ないと仰言っておられます。また、その際、書毫の一連の讃歌は、「家宝」として表装なされております。

ところで、先年森信三先生の「生誕百年記念大会」が、郷里の半田市で開催された際、真民先生から頂いた祝辞の中で、「**廿一世紀の扉を開くただ一人のお方こそ、森信三先生です**」との一語は、今もって忘れ得ないものです。

独楽《こま》を回す

森先生の机上には、民芸風のコマが二、三転がっているのを見たことがあります。それが木のくりぬき盆の上にあったりして、独りコマを回されるようです。独楽と書いてコマと呼ぶように、独居の無聊を慰めることにもなるのでしょう。かつて本居宣長が鈴屋《すずのや》の大人《うし》と呼ばれたように、大小さまざまな鈴をぶらさげその音色をたのしまれたようです。

森先生の今北の書斎には鉄製のごく小さな吊り鐘が左右の紐に結えられ二〇個ばかりぶらさがっているのを見たことがあります。一つを引っ張れば連動して鳴るという具合でした。また机上に文房具（筆・墨・硯・水滴）がたいせつによく整っておりました。

ところで先生は「独楽の工夫」ばかりでなく、もちろん「慎独の工夫」を怠らなかったように思います。独居自炊の生活を、七十六歳より始められ、「人間はある期間、独居自炊の経験をもつことも大事なことをこの年にしてはじめて知りましたよ」とも洩らされました。また「長たる者は孤独寂寥に耐えねばならぬ」とは、よく書きもし、語られもしました。

やさしくわかりのいい歌として、橘曙覧《あけみ》の「独楽吟」を引用しましょう。

○たのしみは常に見なれぬ鳥の来て軒遠からぬ樹に鳴きしとき
○たのしみはそぞろ読みゆく書の中に我とひとしき人をみし時
○たのしみは書よみ倦《う》めるをりしもあれ声知る人の門《かど》たたく時
○たのしみは鈴屋大人の後に生まれそのお諭しをうくる思ふ時

五十二首の内、引き出すとキリがないので、数首に留めますが、橘曙覧は歌人であり国学者でありました。とりわけ本居宣長を敬慕しました。

「永訣」の予行演習

夜遅く、拙宅を辞去せられる先生をお見送りした時のことです。すでに商店街は閉店されて、残置灯のみでうす暗い街通りでした。あるお店の前にさしかかった時、心なき人の仕業か、生ゴミのポリバケツが倒されて、道路に生ゴミが散乱しておりました。トッサに先生は、素手でそれを手づかみで、バケツにおさめ蓋をされて、何事もなかったようにサッサと歩まれました。瞬時に処理されたそのす早さに啞然とし、なすすべを知らなかった愚かなわたくしでした。

そして、国道の交叉点にさしかかった時、「ハイ　これまで！」「ここでおわかれしましょう」と仰言られました。鈍なわたくしは、「もうスグ駅ですから、駅までお見送りします」と申上げますと、キリッと右手で制止されて、

「すべては永訣の日の予行演習ですから――」と。

それからというものは、「永訣の日」というコトバが、胸中深く刻まれ、たえず心の中で、繰り返されるのでした。しかも、「永訣の日」の絶対必然のある事も観念上のことで知っているだけで、少しも身につかず、うかうか日を過している身の愚かさを恥じ入るのでした。

先生はある時、次のように仰言られました。

「人間はお互いに死ぬものですね。だがそれをお互いに――とばかり考えていないで、自分はと突きとめ、さらには今日のうちにも呼吸を引きとるようにならぬという保証はない――という処まで突き止めて、はじめて自己というものが確立するといえましょうね」

この厳然たる事実即真理を、しっかり通身徹骨刻みこむことなのですね。

「全一学」とは――

○「全一学」というと、何か一つこういう名前の特別の学問のように思ったらトンデモナイ話で、一口にいったら「日本人らしい哲学」または「日本人にふさわしい哲学」というほどの意味です。

○これまでわが国では、哲学というコトバがあまりにも西洋哲学の紹介に終っているようですので、ついこうした名前をつけたまでです。

○全一学は、これまでの西洋哲学と比べたら、在野的な色調を二、三割帯びるといえましょう。少なくとも、学者とそれ以外の人の間に境界線だけは引かないというのが、その特徴です。

○全一学では語録的表現も重視するのが一つの特徴です。だいたい東洋では、行と実践を重んずる上から、古来、語録が重んぜられて来たのです。

――以上、先生の「坐談抄」から引用しましたが、これで大体、全一学のアウトラインがそして先生の意図するものがほぼ理解されましょう。

さて、生ける真理の学たるべき「哲学」が、西洋哲学の紹介もしくはその亜流にすぎぬのを嘆かれ、ここに「全一学」なる名称を提唱なされましたわけですが、この「全一学」こそは、森先生の表現をもってすれば、「自らのいのちの自証によって、天・人を貫く生きた真理を求めようとするもの」であります。ここでいういのちの自証とは「**自らのいのちの中に本具し内在している天地の理法を明らかにする作用**」に外ならないのです。そうした点で、全一学の真の根底は、「信」の世界と不即不離の関係にあることを知らねばなりません。要するに、全一学とは、倫理・哲学・宗教を包含するものと言うべきでありましょう。

「信」の世界

先生は一代かけて、「信」の世界を探究せられつつ、その「信」に基づいて、教育的啓蒙運動を展開され、歩み続けられたとも言えましょう。さて「信」とは、「宗教的信」と言ってよく、もっと広い意味において、受けとって頂いていいと思います。ところで、その「信」の世界について、先生の「微言」をここに集録し、おのが「信」の承受に役立てたいと思うわけであります。

○求道とは、自己の「生」の根源を無限に追求して、最後の一関に迫る道程をいう。

○自分には信仰がある――という人の信仰は、すでに幾分の凝固が兆しそめつつあるともいえるであろう。

○「信」を得ただけではいけない。「悟後の修行」が大事である。

○「信」とは「あなたまかせ」ということ。「御意のままに」ということである。

○「信」とは、人生のいかなる逆境をも、神仏からわが為に与えられたものとして、回避しない「生」の根本態度をいう。

○逆境は、神の恩寵的試錬なり。

○わが身にふりかかることはすべてこれ「天意」なり。

○まさに「死」こそは、つねに「宗教的信」への門である。

○この呼吸《いき》のひとたび止めばわが生命永久《とわ》の世界に還りゆくらむ

○**「献身」こそ、宗教的信の到り着くべき、真の目標たるべし**。

かかる「信」にほど遠きわが身ながら、生涯かけてと願うばかりです。

養父母のこと

「わたくしはケチなのは、養父母のせいではないのです。養父母は、実にわたくしを、大事に……」と、仰言られるや、嗚咽し、眼に泪をいっぱいためながら、しばらく、言葉になりませんでした。晩年、談たまたま養父母のお話になるとしばしば嗚咽せられました。

三歳のとき小作農の森家にもらわれ、養子となり、まるで落胤のごとくに育てられたのでした。そして実家の端山家と養家の森家とは、何の姻戚関係でもなく、知り合いの仲でもなかったのです。全く赤の他人で、双方の社会的地位のひらきは、まったく天地のひらきがあったと言ってよいのです。

養父は「種吉」といい、養母は「はる」といい、どちらも実直で律義な方だったようで、これが先生にとって、「この世のいかなるものにも替え難い恩恵であり、幸せだった」と、自ら述懐しておられる通りです。

「ただの一度もせっかんせられたことはなく、養母は幼い私に卵を食べさすために鶏を飼い、養父は毎夜モンドリを仕掛けて、ドジョウを捕って来ては食べさせてくれました」と。

先生は、子どもの頃は、アレルギー体質の上に喘息気味で、長期間、医者通いにつれられ、小作百姓の中から、たいへんだった事と思います。

先生の歌に、「わがいのち生きなむ限り養父母《ちちはは》のいのち寂しく思いつつ生くべし」とあります。

晩年の著述で最後の啓蒙書となった『幻の講話』(全五巻)の献辞に「謹んで今は亡き恩愛深かりし養父母の御霊にささぐ　信三」と記されておりますす。

天の封書

「みなそれぞれに〝天の封書〟をいただいているが、
　一生開かずに終る人もある」

とは、もちろん先生のフト洩らされたコトバです。天の手紙と言われないで、「天の封書」とは、心にくい表現です。封書なれば、その人しか開封できないわけで、一段と、尊くも重々しい感があいたします。

先生が生涯かけて参究せられたのは、哲学・宗教・教育の一体境でありまして、宗教は、あまり表面に出ておりませんが、生涯かけて「信の世界」を求められたものと思っております。そして到り得られたものは、

「われわれ人間というものは、大宇宙意志によって、
　この世へ生み出され派遣されたものといってよいでしょう」

ということです。

「われわれ人間のこの世における第一の任務は、何ゆえ自分は、この地上に出現せしめられたのかを明らかにすることではないか」

と、端的に説かれ、しかもこの地上へ派遣せられた自らの使命感が、死の寸前まで、深められてゆくことが何より望ましいと、願っておられます。

そして神の問題に言及しておられますが、何もギコチない論証をする必要は、一切無用、眠っている間の呼吸と血液の循環一つをとってみても、五臓六腑の働き一つをとってみても、無限絶大な根本力と言う他ないではないか、結局かかる絶大なる「力」によって、支えられていると考える他ないと仰せです。

新井奥邃先生のコトバを借りますと、「生命の機は一息にあり」で、道元禅師の「生也全機現、死也全機現」に相当いたします。

人生の報恩録

思えば、先生はさまざまな時期において種々の具体的な提唱をおすすめ下さっております。たとえば「立腰」のすすめも、「一人雑誌」や「ハガキ通信」もその内の一つですが、いま一つ「自伝のすすめ」も、見のがすことの出来ない提唱の一つです。「自伝」といえば、一般には、すぐれた業績をのこし、功績のあった人、社会的に著名な人に関することで、われわれ平凡人にとっては無縁のものと思いがちです。

ところが、先生の考えは、「折角この世に生をたまわった以上、万人すべて、たとえ内容の乏しいものでも、子孫のために書きのこす義務がある」ということです。そして「自伝というものは、お書きになれば、それぞれ感じられることですが、いかに多くの方々のご縁によって支えられ生かされてきたか、つくづくと気づかしめられるのです。かえりみれば、**自伝は人生の報恩録であると**言えそうです」と仰せなのです。

森先生の側近にあってお仕えした端山護先生の自伝として『凡骨伝』があり、鳥取三傑の高弟小椋正人先生の『人形峠』あり、尼崎の高士上村三竿先生の自伝『この一道に生かされて』ほか、多くの道縁の方々が、先生のお勧めによって一人一形式にて数多くの自伝をのこされました。

いまひとり、ご婦人のお弟子のなかでも特筆すべきお方は、何と申しても京都の福田与《あたえ》先生であります。この方の自伝は『満天の星座を仰いで』と題するもので、ご夫君の福田武雄氏と共に、森先生に師事し、また宗教的詩人の宮崎童安氏や歌人の大無石人先生を森先生にご紹介申上げたのも、この福田与先生のお力に負うところ大であります。

「幸せ」の三大原則

大阪は青少年犯罪において日本第一という汚名を返上するために、起ち上ったのが、矢野アズ紗さんで、青少年の健全育成と、大阪経済の向上発展を願い、大阪メチャハピー祭りを創開してはや五年目を迎えようとしています。ところで、幸せとは、一体何ぞや、幸せ獲得の原則について、いまここで考えてみることにいたしましょう。

幸せとは、不幸でないこと。ではこの分かりきった論理に従い、不幸とは何かといえばグチ・泣きごと・恨み・腹立ち・欲・高慢の心の状態、すなわち煩悩の泥まみれの姿でしょう。ではその煩悩除去の法則が、すなわち幸せの法則となることは理の当然と言えましょう。ところで先生のお説によれば、

○「幸せの三大原則」とは、㈠ゼッタイ他と比較しないこと。

㈡「足るを知る」こと。㈢できるだけ感謝の念をもつこと。

これが「幸せ」獲得の（こころの）原則です。

○つぎに、「幸せ」獲得の（実践の）原則としては、㈠自分の果すべきつとめを果すこと。㈡何でもよい、物事を仕上げること。㈢人に対して、親切にし、人のために尽くすこと。

思えばなんと、消極・積極の両面から考えても、わかり切った平凡きわまりないことで、万人衆知のことですが、これが何と難しいことなのですね。

そして、先生は、幸せの扉《とびら》をひらく秘鍵をさずけて下さっております。それは、次の一語のキーポイントです。

○**幸福とは、求めるものでなくて、与えられるものです**。自分の為すべきことをした人に対して、天からこの世において与えられるものです――と。

夫婦というもの

『一日一語』について先生が仰言られました。「この語録は、人生の生き方についての人生語録でありますが、言うなれば宗教語録ですよね」と。よく洞察下さっていると思いました。人生における最大苦難に遭遇し、何とか乗り切れるよう、心のより処を求めた結晶のコトバ集なのでした。

この『一日一語』には、夫婦のあり方についても、数は少ないですが、象《ぞう》眼《がん》の如くちりばめられています。その二、三を再録しますと、

○夫婦のうち人間としてエライほうが、相手をコトバによって、直そうとしないで、相手の不完全さをそのまま黙って背負ってゆく。夫婦関係というものは、結局どちらかが、こうした心の態度を確立する外ないようですね。

○夫婦の仲というものは、良きにつけ悪しきにつけ、お互いに、「業」を果たすために結ばれたといえよう。そしてこの点に心の腰がすわるまでは、夫婦間の動揺は止まぬと見てよい。
○一切の人間関係のうち夫婦ほど、たがいに我慢の必要な間柄はないと云ってよい。

こうした夫婦の心構えのあり方のみならず、具体的に教えられたことは、お互いに夫婦で朝のあいさつを交わすこと、特にのぞましいのは、出来ればご主人から先に、朝のあいさつをすることを勧められました。なおいま一つ印象深いのは、男親と息子の間柄で、
○息子を一生に三度は叱るか、それとも一生に一度も叱らぬか、父親にはこのような深い心の構えがなくてはなるまい——と。

絶対必然即絶対最善

昭和十三年三月、五族協和を目指し、満洲新京に〝建国大学〟が建学されました。ある日、恩師西晋一郎先生が定宿とする大阪道頓堀の一室に、森先生は乞われるままにお訪ねしました。その用件は、建国大学の教授として就任のお勧めでした。その時、森先生は、折角のお勧めながら、わたくしは、わが国の教育界に骨を埋める覚悟を縷々ご説明し、しかも厳寒の地になじめぬことをお伝えしたのでした。

ところが、それに対して西先生はひと言も発せられぬまま対坐すること二、三十分に及んだとのことです。その沈黙対坐の時間の如何に長かった事か。そしてあげくの果て、建国大学就任の決意を表明したとの事です。まずは単身渡満。そして建国大学就任七年の永きに及び、異国で敗戦の悲劇を痛験されました。帰国後は、戦後の教育界の立て直しのためにまさに粉骨砕身、東奔西走、力の限り尽くされました。

晩年、八十六歳にして病床の身となられ、三男ご夫妻のお宅にて療養の日々を過されたある日のこと、私は、愚かな問いを発しました。

「人間には運命の岐れ路に立つ時があります。顧りみて、イフ・ノット(if not)もしもあの時、あの選択をしなかったら――という回顧と後悔の念を抱く時がありますが、森先生は、もしもあの時、西先生のお勧めに随わなかったら、こうした苦難に遭遇せずにすんだのに――という後悔の念をおもちではなかったでしょうか」というや否や、「何を言いますか、これっぽちも思ったことはない」と、凜然と答えられました。

「**わが身に起る絶対不可避なることは絶対必然にして、絶対必然なること即これ絶対最善の真理なり**」の絶対信の世界の表明であられました。

スピノーザ『エチカ』

「わたくしは、カントよりもスピノーザが三倍も五倍も好きです。ついては田辺元先生がスピノーザの『エチカ』が晩年になってよくわかり出したと言われたそうですが、わたくしも全く同感です。『エチカ』を証明ヌキで終りから書き直すと、われわれ日本人向きの良いものが出来ましょう」と、お聴きしたことが、いたく心にのこっております。

こうしたコトバをお聴きすると、わたくしは自分の力量も考えず、挑戦してみたくなるのですが、全く歯が立ちません。翻訳がよく消化《こな》れてないからと、自分の才覚能力の程度を棚あげして、ぼそぼそ言いたくなります。大体、先生から頂いた宿題は、曲りなりに、不充分ながらも形にしてきたつもりですが、これればかりは、容易なわざでなく、スピノーザの『エチカ』についての名師と名訳を求めているというのが、いつわらぬわたくしの本音です。先生の「スピノーザ」に対する憧憬と洞察の尋常でない証しとして次の引用もお許し頂きたいと思います。

○合理的知性を以て至上とする西欧の哲学者たちの中で唯一人の例外者たるスピノーザ、彼の哲学には「叡智的直観」ともいうべき、明澄にして透徹をきわめた叡智が、その根底に作用しているがゆえであろう。

○西欧的合理主義の世界を突き抜けることによって開かれた絶対的世界であり、随って、そういう意味からは、スピノーザの思想は、今や改めて全人類的意義をもち始めたとさえ言えるであろう。

- 「人生二度なし」これ人生における最大最深の真理なり
- 一つの「心願」を抱いて生涯を貫かむ
- 絶対必然即絶対最善――これぞまさしく「天意」とやいわむ
- 人も物も、すべてその真の味わいを嚙みしめ味わうべし
- 死期を覚悟しつつ、この一日を生きむ

二、哲人尊徳翁

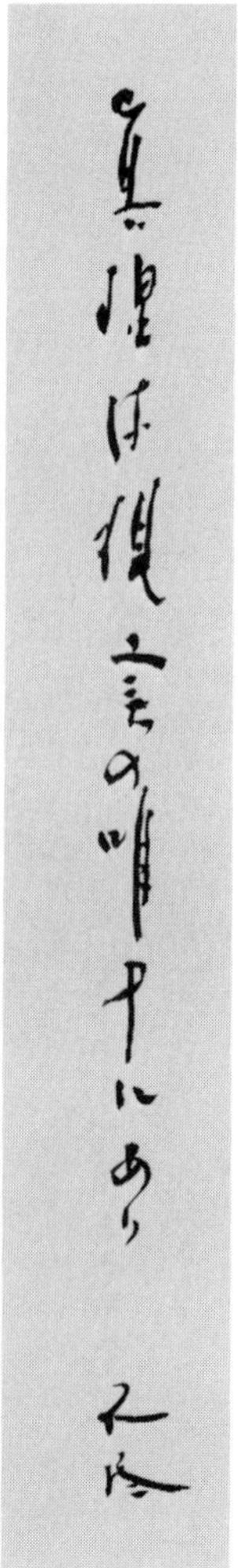

哲人尊徳翁

森先生は平成四年（一九九二年）九十七歳をもって、一代の「生」を了えられましたが、その前に、二十一世紀の展望のいったんを予言せられました。それは、日本の立ち直るのは、二〇二五年からだろう。そしてそれは、二宮尊徳先生のお教えに準拠せねばならぬでしょう。そして世界が、日本の立ち直りを認め出すのは、二〇五〇年だろうと、先見の明を示されました。また『二宮翁夜話』こそは、日本人の論語とすべきものですと。

この透察と展望は、日本民族に明るい光明を見出すものであると同時に、いかに、哲人尊徳翁の説かれた天道と人道の原理原則を信じて疑わないものかを物語るものです。

先生の南千里のお宅をはじめてお訪ねした際、これをあなたへと授与下さったのが、尊徳翁の『報徳要典』で、その扉書きとして「これ正に古今に通ずる永遠の真理なり」を、揮毫下さっております。その時すでに、尊徳翁のご教説こそ、二十一世紀を導く指導原理であると徹見下さっております。

その根本精神は、至誠であり、その方法は、勤・倹・譲すなわち、一に勤労、二に分度、三に推譲と教えられています。

しかし今や週休二日制が、職場のみならず、学校にも普及され、労働時間の短縮が世界的傾向でありますが、そもそも労働即朗働であり、職業即天職の心構えもますます必要となってまいりましょう。

いまや労働と娯楽が二分化されつつある傾向において、働くことがすなわち楽しみの一つであり、物事を仕上げることが幸せの根源であることを、全生涯の自らの生き方をもって示されたのが、森信三先生でなかったかと思われるほどです。

『日本婦道記』

すでに先生は、九十歳を過ぎておられ、ご三男のお宅で療養の日々でした。毎週火曜日ごとにお訪ねするある日のこと、新潮文庫の山本周五郎作『日本婦道記』を五十冊も購入のことを、この私に托されました。

もちろんその要望にお応えしたわけですが、その後、来訪の男女を問わず、一冊ずつ差しあげられたようです。

ですから、小説をあまり読まない私も、この一冊だけは、入手し読み、感動し、随分他人《ひと》さまにも、お勧めしました。森先生がどういう願いをもって、この本を、謹呈せられたか、その深い想いもお察しできるようになりました。常日頃から、先生は、民族の将来は女性のあり方で決まると仰せです。女性のあり方は、三代影響力をもつということです。

何といっても女性のあり方は、夫を支え、家を守り、子を育てるの三大大役を背負っております。男性としては、女性の内助の功に対し、最大の認識と畏敬と感謝をもちつづけることこそ、何より大切とのお考えであろうと思います。ところが戦後六十年たってふりかえって見れば、女性の意識がかわり、自由・平等感のみはびこり、男女の別と、使命の自覚が、次第に稀薄化しつつあるのを深く憂慮しておられました。

ところでこの一冊は山本周五郎の短編中最高の代表作と思われてなりません。当時直木賞に該当しつつも周五郎は辞退したようであります。十一話の物語のいずれも心魂に響くもので、最初これは、婦人の鑑《かがみ》として女性必読の書かと思ったのですが、さにあらず世の男性こそ読むべき書であると信ずるに到りました。名もなき妻の内助の真実一路に、世の男性は心すべきであると、思うにいたりました。

天辺の月影

森先生は、若き日、広島高等師範学校において、東洋哲学の権威・西晋一郎先生に学び、しかもなおかつ、京都大学哲学科に入学し、当時の哲学界における注目の巨人・西田幾多郎先生のもとで、大学院も含めて七年間、学びつづけられたことは、ご承知の通りです。

わたくしは、石川県が巨費を投じて建設の西田幾多郎記念館を見学して、その展示室におきまして、「無の公案」通過の師家の認定書のごときものを拝見して参りました。わたくしには、西田哲学を探究する力量もなければ興味もございません。ただ「絶対矛盾の自己同一」「絶対無の自覚的自己限定」なるコトバが妙に心に残っているにすぎません。

それにひきかえ、森先生の口を通して教えられた、西晋一郎先生の孝について一語、すなわち「親から受けた恩の有無・厚薄を問わない。親即恩である」この語録によって、「孝」についての私の迷妄が一掃されたのです。言わば「開眼の師」であります。

ぜひ一度、西晋一郎先生の墓前にぬかずき、その感謝報告をせねばと思っておりました処、鳥取市内の道友・中西敏先生のご案内で、雨のそぼふる中、ご案内をいただき、「天庭」の拝をすることができました。天庭の拝とは、額《ひたい》を大地につけて、礼拝する作法のことです。かつて、京都清水寺の奥まった墓地公園において、はからずも発見した「石田勘平之墓」と刻まれた石田梅岩先生の墓前で天庭の拝をして参りました。

ところで、森信三先生が、西晋一郎先生の面影を偲ばれての一語、「訪《と》う人もなき山中の湖に映じた天辺の月影」と評せられたこの言葉は、忘れ難い表現の言葉であります。

藤樹先生真筆

衆議院議員の西村眞悟氏とは、彼が二十七歳ごろ、神戸の東区役所勤務時代の友人であります。いまは、政界きっての健筆家で、自分の憂国の至情を赤裸々に吐露する点において、注目のお一人であります。

ところでその賢母ともいえるご母堂さまともども、眞悟氏は、森信三先生の大ファンでして、肝胆相照の仲ともいえます。今は、その母上様も、森先生もあの世のお方ですが、ある時、淀屋橋の古美術商のお店へ、西村親子さまのご案内をうけ、森先生と共に同行いたしました。

その際、先生は、中国の古墨を買い求められました。古美術商は、この際とばかり、慈雲尊者真筆のお軸を、四・五本いかがとばかり展示されましたが、尊者の真筆は一本所蔵の由《よし》をつたえました処、「先生にぜひご覧いただきたいものがある」とて、竹筒に入ったお軸を内蔵より持参しお眼にかけました。

懐徳堂中井竹山の署名入りで、藤樹先生の真筆に相違なきことを証する一言が書き誌されています。お軸の文言はうっかりしましたが、いかにも藤樹先生のご筆跡にちがいない格調のものです。

そこで、先生はわたくしにふりむき、「どうです。いかがなものかな」とお尋ね下さったので、「一代かけて敬慕せられる藤樹先生の真筆ですから」とお答えしたところ、直ちに、後向きに胴巻から万札をとり出され、数えられ、即金手渡されました。多分○○万円だったと思います。

いま一度、森信三先生なきあと、親しく手にし拝見したいものと思いますが、杳《よう》としてその行方がわからずじまいで、やや口惜しく思っております。発見せられたら安曇川町の「藤樹記念館」に寄贈したいものであります。

ガンジー翁の肖像

昭和五十年三月十六日、「実践人の家」建設の地鎮祭が挙行されました。その日の神官は上村秀男氏でした。地元尼崎の水堂須佐男神社の宮司であり、森先生と道縁深き清香の人でした。その祭壇に異彩を放ったのは、聖哲ガンジー翁の写真が飾られてあったことです。

この肖像写真は、印度の旅の記念として、頂かれたものですが、いたく気に入られたご様子でした。もとより先生は、ガンジー翁に心酔するものがあり、『ガンジー自伝』ならびに『抵抗するな・屈服するな』（ガンジー語録）を推奨せられました。のみならず『幻の講話』第五巻の中の各章の講話の前置きとしてインドの生んだ偉人ガンジー翁の語録が記載されています。

先生が選ばれたその「語録」の中から、引用をさせて頂きましょう。

★わたしのいう宗教は、形式的なものとか、慣習的なものではなくて、あらゆる宗教の基礎をなすものであり、人間を神に面と向かわせるものである。

★私は、神は生命であり、真理であり、光であると推断する。神は愛であり、宇宙の主宰者である。

★神への信頼は、理性を超越した信仰に支えられていなければならぬ。

★「宗教は政治とまったく無関係である」という人は、宗教の何たるかを知らない人だといい得る。

★自己浄化を欠いたアヒンサー（博愛）は本物ではない。

★**私は人間への奉仕を介して見神に励んでいる。**

ところで、わたくしの尊敬する少食断食の聖医・甲田光雄先生に、ガンジーの写真を額装して謹呈した所、大へんお喜び頂き、毎朝礼拝とのことです。

真理は現実の唯中にあり

思えば昭和三年の九月、森先生が京都大学の大学院生のころで、三十三歳の時のことです。天王寺師範専攻科の一回生の教え子であった山本正雄氏が、その年の夏休みに、二宮尊徳の遺跡廻りをされました。その際に購めた、尊徳翁の『報徳記』と『二宮翁夜話』を、山本氏より頂かれたのでした。その『二宮翁夜話』の開巻第一ページに、

「予が歌に〝音もなく香もなく常に天地《あめつち》は　書かざる経を繰り返しつつ〟とよめり。かかる尊き天地の経文を外にして、書籍の上に道を求むる学者輩の論説は取らざるなり」と、あるではありませんか。

この一語を眼にされるや、先生が大学入学以来、抱き続けてこられた多年の迷いが豁然として氷解されたのでした。こうして、尊徳翁の一語によって

開眼の機を得、生涯を貫く学問観の根本的立場が、授かったのでした。かくして「真理は現実の唯中にあり」という一語に凝結せられたのです。

というのも、これまでの大学院生になられるまでの人生の歩みは、平坦々たるものでなく、幾多の紆余曲折を経ておられ、人一倍、辛酸苦悩の現実を味わっておられ、また立腰という主体性が確立されており、観念論に流されない即身的基盤がすでに身についておられたためと思われます。

ところで、このように現実との格闘・透察・気づきによって「**かくして身証体認せられた現実的真理は、また現実を改革する威力を持つ**」というコトバが後につづきますが、これが私にとって、感応道交の喜びとなっておりました。なお、森先生は現実的真理の解明のみならず、必ずやその対処・方法を説かれ、その着手点を必ず明示せられるところに、先生の教えの特色があり、わたくしが心ひかれる所以のものがあります。

坂村真民先生の厳命

致知出版社から依頼をうけて、松山在住の坂村真民先生をお訪ねし、坂村真民先生と対談の機を得ました。たしか森信三先生の生誕百年に当たり、『致知』出版の特集号だったと思います。その対談の中で、最後に、真民先生から厳命されました。「森先生の門下の方々は、意外に早く亡くなっています。お弟子たる者は、せめて、師の年令だけでも師を超える気概をもつべきです」と。これはいたく心にのこりました。

ところで、森先生は、九十七歳までご長寿を全うされました。そのお年を超えるとなれば、せめて白寿の九十九歳まで生き永らえさせてもらわねばなりません。それからは「白寿」がわたくしの課題となりました。

そこで、わが尊敬する名医の甲田光雄先生にその由を伝えましたところ、それは絶対大丈夫ひきうけましょう。ところが日常三つを守って頂きたい。㈠朝食を摂らぬこと、㈡一日一二〇〇キロカロリー以下に、㈢月に一日断食二回ということで、このうち㈢がいまも実行できておりません。

真民先生は対談のあとで、家宝のお軸を見せて下さいました。それは、森先生が真民先生を讃え五首の歌に托されたものです。

坂村真民氏に

一世《ひとよ》の命このひとすじに賭けてこし君爽《さ》やけく生きて来ませり
深山に湛えしづもる隠沼《かくりぬ》のごとしも君の生ける姿は
詩人世にさわにしあれど盲人《めしひと》の心に通ふ幾人かあらむ
君が吹く石笛の音の奇《くす》しさよ宇宙の芯に透るおもひす
民族に一人の君のあることをこころ頼みにおもふ夜半もあり

隠岐の聖者

隠岐の聖者とは、隠岐出身の永海佐一郎博士のことです。無機化学の世界的権威者です。わたくしは、中学四年のころ、無機化学の化学方程式がわからなくて、たまたま購めた参考書が、永海佐一郎著の『化学の基礎』でした。これでよく理解できただけでなく、人間のあり方の基本についても説かれているのに驚いた記憶があります。その後、森先生と道縁を頂くにつれ、森先生がしきりに永海佐一郎先生のことに言及されるので、改めて永海佐一郎先生の「人間の方程式」に注目いたしました。

すなわち、「人間の価値＝天職に熱心な度合×心のキレイな度」という方程式に加えて、「怠けものの大臣よりは、親切で仕事熱心な大工さんの方が、はるかに立派であり、自分のことしか考えない、汚い心の社長さんより、思いやりのある給仕さんの方が、人間として価値は、はるかに大きいです」と説かれています。

先年「ものがたり伝記シリーズ」として、偉人二十一名のお一人としてとり挙げ、その生い立ちと業績そして人間教育者としての一面を強調しました。その第一として、母親への孝心が実に篤《あつ》いお方でした。父親は小さな船で郵便物の運搬をする仕事中、台風の遭難により、先生が四歳の時、逝去。母一人の力によって成長、苦学した方でした。

いまひとつ、恩師の加藤与五郎先生の大恩を終生わすれることなく、師の遺訓を伝えつづけました。

㈠人からされて嬉しかった事を他の人に実行せよ。

㈡人からされてイヤなことを人にしてはいけない。

㈢恩を施して思うなかれ、ただし受けた恩は忘れるな。――と。

『石田先生事蹟』

『石田先生事蹟』というのは、梅岩先生（一六八五〜一七四四）の没後、その直門の方々が相寄って一応の草稿をまとめたものをもとに、一七六二年、手島堵庵・富岡以直の両人が主として校訂を加えたものです。

森先生も、早くからこの『事蹟』をテキストとして大阪斯道会《しどうかい》で講義を重ねられたようで、「石門心学」の祖・梅岩先生の思想と行実を知る上で最も適切なものと思えます。

先年（平成十年）『石田梅岩に学ぶ』と題して、致知出版社より発行いただきましたが、その中でこの『事蹟』の現代語訳を第一にかかげました。

★先生は生涯独身・自炊でお暮らしになりました。

★入浴にあたり、まず全身をよく洗われてから後、お入りでした。

★不作の年、門人を伴い三、四人ずつに分れ、毎日所をかえ、困窮者に金銭をもって行き施されました。

★わたくしの本心は、一身を捨ててでも道が弘く行われることです。

わずかな引用ですが、その風格の一端がうかがわれましょう。結論的に、

㈠神仏を敬い日常の瑣事《さじ》をないがしろにせられなかったこと

㈡整理・整頓・清掃が好きで、ものを大事に取り扱うこと

㈢きわめて謙虚で礼儀正しいこと

㈣求道心きわめて旺盛で、何事にも工夫し、学びつづけること

㈤布施と愛語の人で、利他行に徹しきること

こうして書きならべますと、皆さんは「現代に生きるお掃除菩薩」を思い出されましょう。そうです、鍵山秀三郎先生こそ、現代の石田梅岩先生ともいえるお方です。

『藤樹先生年譜』

西晋一郎先生の数多い著述の中で『藤樹学講話』がありますが、何と申しても、数多い研究者の中でも、藤樹先生の真髄を把握せられたお方は、西晋一郎先生を第一人者とすることに異論はないと思います。

その西先生は、藤樹先生を、学徳兼備の、天成の霊覚者と定めておられます。そして、「孝の哲理」を解明せられ、孝がただ人間親子のことに止まらず、所謂天地神明に通ずる道であると示された点に、また、「孝徳即愛敬の道」として、慈愛恭敬の徳を養う道として親孝心を説きつくされました。そして特殊即普遍、普遍即特殊の哲理をも明らかにせられました。

現代の危機的風潮の根本は、人や物に対する畏敬恭敬の念の喪失にありと思うのですが、いかがでしょうか。イギリスの歴史家トインビーが言明した通り、「物が豊かになればなるほど、老人を粗末にする」と。物が豊かになればなるほど、物の有難味がわからなくなり、物に対する愛敬の念うすく、遂には、人及び父母、老人にまでその弊が波及するものと思われます。

『藤樹先生年譜』によれば、藤樹先生は、十二歳にして食事の際、父母の恩、祖父の恩、君の恩を、いたく感じ誓われたとのこと、十七歳にして『大学大全』を読むこと百遍に及び、はじめて通暁。二十七歳にして脱藩。三十一歳、大野了佐のために「医筌」を授ける。三十二歳にして藤樹規・学舎座右銘を作る。三十三歳にして『孝経』を読んでいよいよその味深甚なるを覚ゆとあります。『翁問答』を著わす。陽明全書を入手。四十歳『鑑草』を著わす。四十一歳逝去とあります。げに藤樹先生こそは、特権階級の武士の地位をすて、庶民の人間教育に徹底せられた日本的哲学の祖であります。

高貴寺を訪う

昭和四十五年五月五日、大阪・神戸・京都の読書会の方々と、慈雲尊者ゆかりの高貴寺をはじめて訪ねました。大阪阿倍野で集合。総勢三十八名。富田林下車。バスで高貴寺に向かい、バスを降りてより三キロの道のりを一同歩きました。やがて昼食を終えてより、慈雲尊者の研究随一のひと木南《きなみ》卓一先生のお話を聴き、つづいて森先生からご講話を頂きました。その時の抄録ノートを開けると、次のごときコトバがあります。

○わたくしがこれ程、慈雲尊者を尊敬しているのは何故か。尊者は高さも深さも内にかくれて、まどかなお方である。

○慈雲尊者には深奥な哲理がある。唯識と華厳がある。唯識とは、真理から形而上学へ行きついたもの。華厳は真向うから形而上学を打出す。

○高さにおいても道元に劣らぬ。文章のリズムでは正法眼蔵と優劣はない。わたくしは、道元・親鸞よりも、慈雲尊者に弟子入りしたい。

○人により通俗道徳としか見ないかも知れぬが、尊者の手法は、金箔をはりつめておいてその上から絹を貼ったようなものである。

いまひとつ、尊者のお偉さのわからぬわたくしは、その後、代表作である『十善法語』をはじめ『全集』にも眼を通し、おこがましくも『十善法語抄』を編集しましたが、後日、こっぴどく、先生からお叱りをうけました。

たしか宗右ヱ門町の「正弁丹吾亭」の階上で、「目板のから揚げ」をご馳走になった時です。西村勇二さんも眞悟さんも同席でした。その食べおわったあとをご覧になられ、「みてごらん、あなたの食べ方がいちばんキレイでない。これで『十善法語抄』をまとめる資格がありますかね」と。

奥田正造著『茶味』

奥田正造先生の『茶味』は、わたくしの愛読書の一冊です。もちろんこれは、森先生のお勧めによるもので、奥田先生の生涯における不滅の書として推奨されたものです。

奥田正造先生は、明治十七年岐阜の高山に生誕され、一高、東大を卒業されて、もっぱら女子教育と門弟指導に尽くされ、昭和二十五年、六十七歳の生涯を終えられました。森先生のコトバをもってすれば、「教育者として、明治以後、民族の生んだ最深の一人格として、民族の教育史の上に、その不滅の像を刻まれたお方」と記されています。

また「積功累徳」と「慈訓慈誡」の二記録について、『奥田正造先生とその源流』と題し、長文の感慨をこめた論集（『続全集』五巻）をのこしております。奥田先生の先考に対する畏敬の念のただならぬ記録で「稀にみる孝心の照応がうかがわれる民族の教育的文献」と誌されております。

★千光寺参詣は大抵三時頃より起き出でて出かけらるるを常として八時頃には帰られき。その往復には小さき鍬を携ふるを常とし、道に横たはれる小虫長虫の死屍をうづめて見苦しきをかくし遣はすなりき。

★近来流行するものはあまり好ませられず、冬の田舎行きにとてトンビをすすめけるも、常にひきまわしにて事足りぬ。

★神仏の掃除は大好物にて心清ければ浄土清しと云い乍ら掃除されき。

★約束時間の厳守につとめられければ、朝四時といえば四時、三時といえば三時、雨雪におそれず実行せられたり。

★施本もいろいろとし玉ひしが数大抵千冊を限らせ玉ひぬ。ただ光明真言経及び日課記は無限との誓願なりき。

三浦渡世平先生

先生が学んだ愛知第一師範学校の校長先生が、三浦渡世平先生でした。三浦先生は、幕府の御家人の出で、維新の変革の際、先生の父上は、慶喜公に従って、静岡に移られたようです。長じては、中村敬宇先生の塾の「同人舎」に学ばれ、学成ってのち、西遠州の名門・岡田家の招きにより「驥北《きほく》学舎」という私塾の教師に選ばれました。

その驥北学舎の設立者の岡田良一郎氏は、晩年の二宮尊徳翁に師事した人であり報徳主義をもって子弟の教育に日夜精励した人でした。

岡田良一郎氏の令息岡田良平氏は、三浦先生の薫陶を受けた人であり、のちに文部大臣の要職をつとめたが、終生、三浦先生への尊敬と信頼は絶対的で、三浦渡世平先生は、文部大臣の私設顧問ともいうべき役割を務められたようです。あしかけ四年、驥北学舎に奉職し、のち愛知第一師範学校に勤務、かくて師範教育に精魂をつくされました。

森先生曰くには、〃わたくしがこの世で接した人の中では、その人間的な重量感において、おそらく最大の方といってよい〃との述懐でした。

○八十キロもあった大きな体格に似合わず、食は少量、よく咀嚼《そしゃく》された。

○煙草は一切手にされなかったが、酒は随分イケタ方であったが、鹿児島師範学校長の時、生徒が禁令に従わないので、先生は率先酒を断たれ、再び第一師範に復任されても、酒を嗜《たしな》まれることはなかった。

○先生は、年中行事の行軍にも、長距離の道のりを若い青年と一緒によく歩かれた。

○約一ヶ月の寒稽古にも冬の三時から、羽織袴で出席し、道場の一隅に端坐して、一同の稽古ぶりを見守り、無言の激励をなされた。

幻化・幻流

先生の著述に、「幻」の三部作と称せられるものがあります。すなわち『隠者の幻』『幻の講話』『ある隠者の一生』です。

そしてある日のこと、森先生に同伴して、二・三の道友と連立って、西村眞悟氏の御宅をお訪ねした時、歓談の末乞われるままに、先生が色紙に揮毫せられたのは、奇しくも、「天幻」をはじめ、「幻化」「幻流」「幻門」「幻入」「幻道」と、連続していずれも「幻」につながる二文字ばかりでした。

そこでわたくしは、先生の精神的エネルギーの根源は、「幻」の一語に極まると思うようになりました。

ところが、わたくしの認識自体は、観念的理解の域を脱するものではなく、トンデもない愚問を先生に発したのです。「幻とはある種の理想的人間像ですか」とお尋ねした時、「きみはまだそんなことを言ってるからダメです。そんな観念的なものでなく、私にとっては実に明白々たるものです」と。それからしばらく間をおいて、

○「幻」とは、真理の肉体化的顕現ともいえましょう。つまり生きた真理の消息ということでしょうか。いまかりに味覚的表現をすれば「味わい」ということでしょう。また臭覚的に表現すれば、「匂い」というわけで、これを視覚的には「幻」といているわけです。――と。

そして、先生にとっては、幻の師の新井奥邃先生と、現身の師の西晋一郎先生の重ね写真こそ、「幻」といえるのではないでしょうか。

●真理の化身にやあらむ幻の時に顕《た》ち来てわれをみちびく

●一人《いちにん》の隠者の心幽《かそ》けくも追ひ求めてぞひと世過ぎしか

「草木谷《くさきだに》」の遺跡

秋田の老農・石川理紀之助翁の遺跡を訪ねられた時のものです。

●草木谷よつね恋ひつつもつひに来し涙流れてせむ術《すべ》もなき

●雑草《あらくさ》の生ひ茂りたるひとところ碑前に額《ぬか》づきてしましありけり

ひと言でいえば、明治の二宮尊徳翁といわれるべき偉人のお一人です。

先年わたくしも、子どものための「偉人伝記」シリーズ編集のためにその研究者川上富三氏にご案内をうけ、現地を訪れました。四畳半一間の貧しい小屋で、自らの実験農場としてここに住み込み、単身生活しました。いま一つの目的は千島国後島《くなしり》でなくなった亡き長男民之助へのさんげの意味もこめていました。

その民之助への追悼録『ゆめのあと』を読めば泪をさそうものがあります。

ところで先生が、秋田の偉人石川翁のことを知ったのは、「東北の旅」の途中、道縁の深かった渡辺正男氏を通じ、その友人川上富三氏とのご縁によります。先生は「東北の旅」の途次、三度、石川翁の遺跡を訪ねておられ、川上富三氏の『石川翁の伝記』を読み落涙止まず――とあります。

現在「石川翁遺跡保存会」があって、遺品の数々が展示されていますが、その中で一きわ眼をひいたのは、白布です。遺体の顔にかぶせる白布をつねづね旅に持参せられたようで、「念々死を覚悟して」の旅と日々の生活ぶりは、就寝八時、起床二時の日常で、膨大な日記「克己」をはじめ、短歌三十万首、適産調査書等の著書及び論稿をのこしておられます。

●歌袋一つたづさへ出立たん玉もこがねも身に持たずして

●いたずらに寝ても老ひゆく年月を世の為めぐる旅ぞ嬉しき

これが、石川翁の遺歌として最も心にひびくものです。

「偉人の伝記」

先生の最晩年、最後の願いは、少年のための「偉人伝記」を遺したいということでした。そこで、東西の偉人二十一名の選択も了え門下有志の数名に分担し、その執筆に着手しかけました。しかもその各々をテキストとして、講話形式にまとめようとされたのでありましたが、何しろ、ご高齢でもあり、マヒの後遺症の中のご執筆ゆえ、完結をみずして終りました。

そこで、もとよりその才に欠けるわたくしではありますが、ご遺志をついで、平成十四年三月「伝記シリーズ」全二十一冊の発行に到りました。

これも株式会社登龍館田中社長のご支援ご協力によるもので深甚の感謝であります。

ところで、先生は「読書への手引き」として「生き方の種子まき」としてまず適切なすぐれた「偉人の伝記」を――との思いは常に希求しておられました。

なお、「偉人の伝記」を読む時期として、

㈠だいたい十二歳から十八歳前後の立志の時期

㈡およそ三十四歳から四十歳前後にかけての発願の時期

㈢かつ六十歳前後であって、自分の一生のしめくくりを如何にすべきかを

学ぶために――

こうして三つの時期をあげておられますが、「偉人の伝記」こそは、読書の入門にして、その最終篇という感がいたします。

いずれにいたしましても、偉人が一生を通して持ちつづけた真志正望そして献身奉仕の精神と実践のいったんに触れることは、「生き方」宗の祖師たる先生として、不可欠のことでありました。

小山武蔵と吉川武蔵

森信三先生は、剣の達人・宮本武蔵について、異常な関心を抱いておられ、七十代の後半において書きあげられた『幻の講話』（全五巻）においても、わが国の生んだ先哲の一人として取りあげておられます。

その中で、「普通の人びとの武蔵に関する知識は、結局吉川英治の小説から得たもののようですが、あくまで小説でありまして、事実とは違うのであります。さらにあれは、巌流島における佐々木巌流との試合で終っていますが、あれはまだ武蔵の二十九歳の時のことであります。ところが武蔵はその後、六十二、三歳まで生きていて、晩年は肥後の細川家に客分として仕えたのであります」と。

それに較べて、熊本県出身の小山勝清の執筆になる大河ドラマ『それからの武蔵』（全六巻）を高く評価し、「吉川武蔵」に対して「小山武蔵」として、対比した上で、「小山武蔵」に軍配をあげております。『それからの武蔵』は、集英社文庫として今も入手可能ですから、手にとって一度試みに読んでみて下されば、森先生の言を納得いただけましょう。

ところでなぜ、どうして森先生が、宮本武蔵において、それほどまでに好きかと思いますに、㈠剣を提げて、ついに道に達した点、㈡さらに、「道」の自覚の表現として「五輪の書」をのこしている点、とくに、㈢かの「独行道」の端的な表現は、武蔵の到達した境涯をうかがうに足るものである点であろうと思います。最後に森先生の表現をかりますと、

「独行道」に到っては、まさに彼の世界観・人生観の圧縮ともいうべく、文字通り彼の遺書と言ってよい――とまで述べておられます。

- 教育とは、人生の生き方のタネ蒔きをすることなり
- いやしくも人に長たる者は、孤独寂寥に堪えねばなるまい
- 玄米食は、われわれ日本人には「食」の原点である
- 真理は感動によってのみ授受される
- 真の実践的精神とは、即今直ちに着手することである

三、ネオ行者

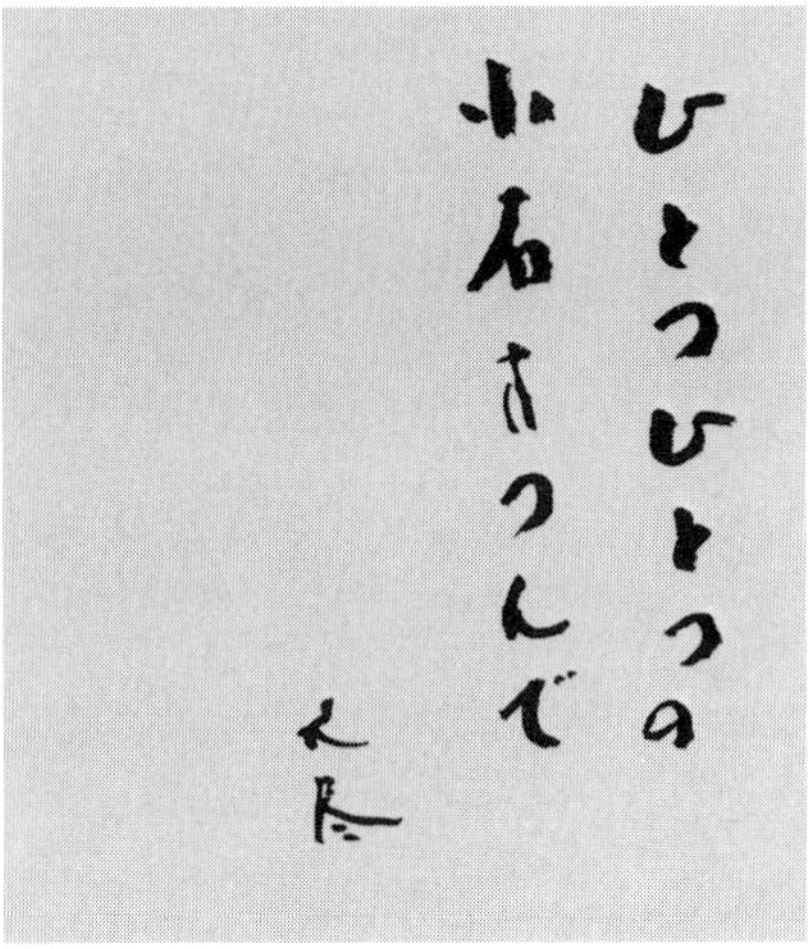

ネオ行者

「実践人とは　ネオ行者」の一語をのこされたのは、今はなき森信三先生です。ネオ行者とは、現代的実践を意味します。かつては、毎月発行の「実践人」誌の表紙の上欄に、毎号掲げられておりました。

「それぞれが　一人一形式で　日常生活において、実践の行者たるべし」とは、森信三先生の真意ではなかろうかと思います。

森先生は、道元禅師の「只管打坐《しかんたざ》」になぞらい、「只管《しかん》あいさつ」を提唱されました。これは申すまでもなく、「**朝のあいさつ人より先に**」の実践です。特に尼崎の今北地区に入居せられてから、近隣の方々への「あいさつ」を何より優先せられました。

また教育現場の校園内のゴミ拾いを、提唱されるだけでなく、自らもよく身を屈めて、いちはやく拾われました。これまたみごとな俊敏さでした。神戸大学教授の七年間、自らの研究室から、教室へ、また図書室へ、食堂への往き帰りの廊下のゴミは、一つ残らず拾われました。学生から軽蔑の視線をうけつつも、拾いつゞけられました。そして一度も、学生に拾いなさいという一語も発することなく、拾いつづけられました。

そしてある時、先生からお聞きしたことがあります。「高壇から人に道を説く者は、その償いとしてせめて、これ位のことはさせてもらわば申訳ない。米一粒もつくらず炭一つ焼けない者として――」と仰言られました。

学校訪問の際、ペンペン草を見つけると、いちはやくその庭園に入り、ひき抜かれました。

かつて先生はつぶやくように言われました。「**足元のゴミ一つ拾えぬ程度の人間に何が出来よう**」と。私にとって頂門の一針です。

即今着手

いま、先生の『全集』二十五巻、『続全集』八巻を繙いてみて、よくもこれだけのものを、お書きになったものだと思います。その他、全国講演行脚、大学出講、そしてハガキのお返事等を想うだけで、驚きの他ございません。旅の日録のいったんを一瞥するだけで、正に鬼気迫るものを感じます。七十歳で『全集』のまとめに入られた当時の歌に、

●自《し》が骨におのれ炬点《ひとも》し闇をゆく鬼気の思いのなしといはなく

とありますように、自らの骨肉を自らの手で焼きつくさんばかりの必死の思いで仕事に没頭三昧の心境を詠んでおられます。まさに仕事の鬼とも申すべきで、宮本武蔵の心境にも通うものがあられたことでしょう。

随って、「仕事の処理」についての語録も多く、その三大原則とは、

○㈠**即今着手**…とにかくスグ手をつける、これが何より秘訣。
㈡**一気呵成**…仕事の二等分線をこえるまでは、一点集中で。
㈢よき意味の**拙速主義**で、仕上げは八〇点級で絶対に期日厳守。
○仕事は、準備・段取り・後始末といわれるように。この後始末の心がけをつねに忘れないように。
○仕事に追いかけられるより、先手先手と手を打って、仕事を追いかけるほどの、有利な立場に立つこと。
○今日なすべきことを明日にのばさぬ。義務を先にし娯楽を後にする。そして先生曰くには、「篤農家というものは、朝食までに一仕事すませたものです。朝起きるなり新聞を読んでいるようではダメです。先ず起床と同時に仕事にクサビを打ち込むのです」と。

「食」の原点

先生にとっては「独居自炊」十年の身についた智恵ともいうべきものをおもちでした。ごぼうに人参、小芋にれんこん、南瓜かぼちゃに、さつまいもを、大鍋に長時間かけて煮付けたものを、一挙に五、六日分を作っておかれ、小出しにして温めては、玄米のおかずとして召し上がっておられました。

わたくしもしばしば頂戴しましたが、実に味よく、先生の健全にしてせん細な味覚にいつも舌を巻くのでした。またよく急ぎの際は、ポンカレーを用いられ、玄米にぶっかけ、生卵と共に頂いたものです。

夏はもっぱら〝そうめん〟で、そのおつゆのだし汁も美味しく、生しょうがと、味付のりのキザミは、欠かせられませんでした。おひとりで、二、三把はかるく召し上がったようで、なかなかの健啖《けんたん》ぶりでした。

先生は、何かにつけて卓《すぐ》れた眼力の持主とはお察ししてましたが、味覚についても感覚鋭敏のお方と改めて、脱帽するのでした。ところで、「わたくしが独居自炊に耐えられたのは、玄米食のおかげですよ」と仰言られました。「玄米食が健康にいいというよりも、玄米食は、日本人の『食』の原点だからです。そして玄米食を食べると、味覚が健全にして鋭敏になりますよ」と、よく力説せられました。

先生の語録の五部作として『不尽叢書』があります。その第三集の、『女人開眼抄』の扉書きには、決って次のコトバをお書きでした。

「**女人真に順正にして孫まで玄米食で育てなば、**
その家三代安けきを得む」——と。

「ゴミ拾い宗」

先生は、早くから学校立て直しの定石として、㈠朝のあいさつ、㈡校内のゴミ拾い、㈢下足箱のハキモノを揃える——この三つを校長そして、それに準ずる方が実践すれば、必ず学校が変り始めると、いうことは、何べんも聴かせて頂きました。

また先生自身も、「只管あいさつ」の実践だけでなく、「ゴミ拾い」の行者であられたことは、もうすでにご承知の通りです。

かの神戸大学教授時代の七年間、学生の失笑を買いながら拾い続けられたことは有名な話です。また今北地域へ入居。独居生活のさ中にありましても、家の前の路の紙クズは、朝・昼・晩と拾いつづけられたようです。またそのころ、「今北綜合センター」が歩いて二分位ですが、不在中の書留と小包とはここに止め置いてもらってましたので、大助かりでした。

その「綜合センター」の階段のゴミと、広場のゴミだけは拾われたようです。こうした今北地区の入居までは、大阪・南千里でお住いでしたが、郵便ポストの行き帰りに通り過ぎる小公園のゴミは拾われたようです。

その頃、わたくしは足しげく、南千里のお宅へ通いました。帰りは駅までお見送り頂いた際、私の帰り切符と共に入場券を買い求められ、改札を入られてからの行動俊敏のゴミ拾いのことは、先にお書きした通りです。それにしても、先生から「わたくしの宗教は　ゴミ拾い宗とでも言えましょうかなぁ」とおききしたことがあります。ところで『一日一語』に、

「人間が謙虚になるために手近な、そして着実な道は、まず紙屑拾いから——。そしてこれが一バン無償の行為といえよう」

履物をそろえる

「心は見えないから、まず見える躰の方から押さえてかからねばならぬ。それ故心を正そうとしたら、先ず躰を正し、物を整えることから始めねばならぬ。履物をそろえること一つが、いかに重大な意味をもつか、分らぬような人間は、論ずるに足りない。ましてや教育者たるの資格はない」と、まで力説して下さっております。わたくしもこの即身的真理に加えて、即物的真理の重大さに、気づき、わが家庭においても、黙々と、ひと言の苦情も訴えないで、身をかがめ、子や孫たちの履物を、今まで以上に、キチンと揃えることに、ほのかな喜びさえ感ずるに到っています。

また、いま一つ、「朝のあいさつ」に、全霊をこめて取り組み、明るく、さわやかに、元気よく、先手を心がけております。「万策尽きてこの一手あるのみ」とさえ思うようになっているからです。

つぎに「ハイの返事」でありますが、これは、電話の応答において、毎日いくたびとなく、その練磨修練をくり返しておりますもので、短かく明白にを心掛けております。そして「ハイ！　かしこまりました」「ハイ！　ありがとうございます」「ハイ！　申しわけございません」を一ぺんでも多く、コトバかけを心がけております。

先生から教えられたように、「**躾《しつけ》はお説教ではできません**」を金科玉条として守っております。そして、いま一つは、食事の作法でありまして、「いただきます」「ごちそうさまでした」そして「後片付けを敏速に」を守りぬいております。いま一つは「足下のゴミ拾い」でありまして、これの徹底は今後の課題であり、実践目標であります。

瞑目合掌

先生の『宗教的世界』に、「瞑目」について説かれている個所があります。わたくしはこのごろ、「白内障」で随分視力が衰え、視界はいつもかすんでみえていますが、まだ外出できますすし、本がおぼろげながら読めるので、なんぎな反面、ありがたくもあります。

さて「瞑目」ですが、ここでは、直接、引用させてもらいますと、先生の曰くには、「人は礼拝においておのづから瞑目することの意義については、意外にも看過せられて、深くは考慮せられないようであるが、わたくしには、その意味するところ決して少なくはないと思うである。

では瞑目ということは、何故そのような偉大な意味をもつかというに、それは眼を閉じることによって、何人もこの相対的世界から遮断せられて、そこには消極的ながらも、一種絶対界の趣に触れしめられるが故だといってよいであろう。さらに一そう重大な意味をもつのは、合掌であろう。いま左右の掌を合わせるということは、自己の相対性を放下して、自らを絶対無限なるものの前に捧げようとの志念の最も端的な表白と言うべきであろう」

――長い引用ですが、ここに掲げましたのも共感を感じえないからです。

そして次の端的なコトバにうなづくばかりです。

○礼拝とは、㈠首を垂れること、㈡瞑目すること、ならびに㈢両手の掌を胸の辺りで合わせる――という三要素をもつ、最も易簡にしてしかも普遍的な宗教的な「行《ぎょう》」といってよいであろう。

なんとありがたい平易な、世界人類共通の教えであることに、わたくし自身、頭《こうべ》を垂れて瞑目合掌する次第であります。

梵鐘の音

「わたくしの好ましい住居の理想的な条件は何かと言われたら、近くに山があり、川があり、近くに図書館があって、朝に夕に梵鐘の音がきけるというところですね」と、笑顔をほころばせつつ仰言いました。

このひと言の内にも、先生の趣味志向がうかがわれると思います。このことを、わたくしも旅に招かれると、道縁の方々にお伝えするのですが、なかなか味のある佳話として共感いただいています。

ところで「祇園精舎の鐘の声、諸行無常の響きあり」は、平家物語の冒頭の言葉ですが、梵鐘の音は、除夜の鐘だけでなく、各宗仏教の寺院が、努めて、朝に夕に、その風韻を伝えてほしいものです。

山寺の鐘つく僧は見えねども四方《よも》の里人《さとびと》これを知るなり

この一首は、二宮尊徳先生の道歌ですが、森先生もこの一首だけは心に留めておいて下さいと力説なされました。

いま一つ梵鐘の音で思い出す佳話があります。それは奥田正造先生の『茶味』に記されたもので忘れ得ぬものです。

ある日奕《えき》堂和尚はいんいんと響く暁鐘を聴かれて、侍僧に、鐘つく者は誰なるかを見て参れと。それは新参の小僧ですと帰り報じたところ、その小僧を招きよせ、「今暁の鐘は如何なる心でついたか」と尋ねられた。小僧は「別にこれという心持もなく鐘をついたばかりです」と答えたので、「いやそうではあるまい。何か心に思っていたであろう」と重ねて尋ねたところ、「別にこれという心得はございませんが、国許の師匠が鐘つかば鐘を仏と心得よとの教えにより鐘を仏と敬い、礼拝しつつ撞いたばかりですと。この小僧こそは後年の森田悟由大禅師でありました。

「旅のおきて」の三ヵ条

先生は、よく招かれるままに、講演行脚の旅をつづけられました。とりわけ六十五歳にして神戸大学ご退官後は、まさに凄まじい旅をつづけられました。思うに、先生は多年の間「旅」と「講義」と「著述」の三つ巴《どもえ》の日常でした。

ところで先生は、「旅」のおきてとして、次の三ヵ条を心に決められ、

㈠ **カバンを人に持って貰わぬこと**

㈡ **必ず校門前で下車のこと**

㈢ **汽車は、三等のこと**（現在で新幹線の自由席のようなもの）

こうしたきまりを自らに課して、律しておられました。

また、「旅」では、親しき同志の歓待をうけ、特に夜の懇親会では、ご馳

走にあずかり勝ちゆえ、昼食は極力、質素な食事を心がけねばならぬと申しておられました。したがって、南部せんべい三枚ですませるとか、焼芋一個をもって昼食代りにするとか、とにもかくにも、粗食を旨とするように――と自ら戒められたようです。

かの東京オリンピックで、日本女子バレーチーム優勝の偉業を果たした名監督の大松博文氏が、意外に健康を損ねた一つの主原因として、森先生が憂慮せられたのは、全国に及ぶママさんバレーの指導者として、全国各地でご馳走攻めにあわれたためではなかったかと、申しておられました。

それほど、「旅」の心得として、「飲食」の摂取が何より心すべき事と、細心の注意を促されました。また「**新幹線に乗ったら、車中、弁当を食べない位の心がけが大事だ**」とすら仰言られました。なお、「食べるなら玄米のおむすびがふさわしい」と。

逆算的思考法

『一日一語』に、「死の絶壁に向ってつよくボールを投げつけ、そのはねかえる力を根源的エネルギーとしながら、日々を生きぬく人物の生きざまは、げにも凄まじい」とあります。これこそ「人生二度なし」の逆算的思考の生きざまです。

「**逆算的思考**」とは、将来あるべき完結態を予想し、それがためのあらゆる条件と過程について準備を怠らないということです。これはとりわけ言うまでもなく、われわれの日常の物事について、事の大小を問わず用いられている思考法であります。ところで人間の一生についてこの逆算的思考をあてはめてみますと、万人不可避の生死については、「**おのが死期を自覚して生きん**」という事になります。

ところでいま一つ、先生から教えられた思考法があります。それは、「**対極的思考法**」と言われるもので、一名「創造的思考法」ともいわれるものです。創造には、異質的両極を切り結ばせることが絶対必須条件です。それは、いのちの創造には、男・女両性の必要なるごとく、異質なるものの媒介を必要とするのです。

ところでこの「対極的思考法」によってわが国の思想界が当面している観念論と唯物論との対立相克に即しつつ、「**即物論的世界観**」が生まれ、さらに実践面への移行によって、即身的立場ともいうべきものにも言及発展せられたのです。

この「対極的思考法」の名づけ親は、山県三千雄先生であり、森先生自身もこれを是とし領解しておられます。

着眼大局・着手小局

「着眼大局」「着手小局」というコトバは、わたくしの好きなコトバの一つです。このコトバの出所出典は知りませんが、多分、囲碁や将棋の世界で言われたコトバでないかと思われます。申すまでもなく、大局観をもちつつ、次の一手をいかに打つかということ、すなわち戦略と戦術の問題だと思います。森先生の言葉をおかりすれば、

○一眼は遠くの歴史の彼方を、
そして一眼は脚下の実践へ。

ということです。言うなれば、将来の見通し（洞察）と実践です。

また『一日一語』に、

○男として大事なことは、見通しがよく利いて、

しかも肚がすわっているということです。

とあります。宮本武蔵の『五輪の書』にも「観の眼をつよく」とあり、全体感、透察観の観の眼の大事さを力説しております。わたくしはいつも思うのですが、毎朝唱える「般若心経」の冒頭に、

「観自在菩薩　行深般若波羅密多時」とありますが、これは
「すべてをあるがままに透観せられた菩薩さまは、深い智慧と道理を実践せられた」

と、わたくしは解しております。すなわち透観と実践の行動的叡智を身につけた方こそ、菩薩さまの境涯と言えるのであります。もっと要約すれば、観と行の体証者たれという教えであろうと思います。

そして、西洋の論理一辺到の哲学に対して、日本的哲学は、まさに「全一学」たるべしとの、全一学とは、大局観と実践の学と言えましょう。

「しつけ」の三ヵ条

森信三先生ご提唱の「家庭教育におけるしつけの三ヵ条」とは、

㈠祖父母や両親に対して、朝のあいさつの出来る子にすること。

㈡祖父母や両親に呼ばれたら、「ハイ」と返事のできる子に。

㈢脱いだハキモノを揃え、立ったら椅子を机の下におさめること。

なんとありふれた、わかり切った事と思われましょうが、この三つの基本こそたいせつです。戦後五十年たって、文部科学省は、しつけの大切さに気づき、小冊を各家庭に配ったようですが、一体何をしつけたらいいのか具体的な事柄に欠けるだけでなく、何から手をつけたらいいか、その着手点の明示もなく、ましてやその方法のしつけ方についても、一切示されていませんでした。わたくしが、森先生のお教えに心魅せられたのは、その教えが具体性に富み、その手のつけ方にまで、細やかな配慮が示されていることです。

たとえば、この第一条のしつけ方についても、「**先ず親の方からさそい水として、先にあいさつを――**」という注釈がついています。また第二条の「ハイ」の返事についても、母親が、主人に呼ばれたら必ず「ハイ」と返事をすること。――これが何よりの先決条件です。履物や椅子のしつけも同様です。地位・年齢を越えて、自覚者の率先実行こそ、優先すべきであります。

現在、家庭における教育力、しつけ力が衰退の一路です。母親の手ぬき、放任が早くより始まり、わがまま放題です。これでは、人間の基本形成期を放ったらかしにして、日本の将来が憂慮にたえません。私も微力ながら、森先生の「しつけの三ヵ条」の覚醒に力を尽したいと念願しています。

現在「たねまき文庫」として手ごろな小冊子を発行しつづけておりますが、これもわたくしのささやかな「心願」の一つの現れであります。

腰骨を立てて

「遇い難くして遇うを得たり、聴き難くして聴くを得たり」――とはわたくしの実感であります。わたくしの今日あるは、全く、昭和四十年三十八歳にして、先生もお出会いさせて頂いたお陰です。そしてご生前二十七年、逝後十三年を経過し、今年は、邂逅《かいごう》四十年の年を迎えることが出来ました。

その間、数々の数えきれないお教えをいただきましたが、その中でも日常実践のキメ手ともいうべき、「しつけの三ヵ条」や「職場再建の三原則」等の人間形成の基本を教えられたことは、何よりの恩寵と感謝しております。そしてその中心軸の確立ともいうべき、「腰骨を立てる」即ち「立腰の原理」を伝授されましたことは、わたくしにとって一生の宝ともいうべきものであります。しかもこの立腰こそは、身心相即の原理に基づくとのことで、愚昧薄弱にして、何一つ小さくとも達成の実を挙げ得なかったわたくしにとって、多少とも限られた世界ながらも、小さな結実の成果を見るに到りましたのも、この「立腰」のお教えに起因するとすら言えると思います。

森信三先生の一生を顧りみましても、十四歳のころ半田小学校の給仕を勤められた頃、当時の裁縫室において、地元の名士が集まり、静生の師・岡田虎二郎先生を招いて、静坐会を開いておられ、お茶酌みの森先生が、岡田先生の偉容に接して以来、腰骨だけは立て続けようと決意せられ、それが一生かけて貫き通され、数々の業績を遺された原動力となったと承っております。しかもこの「立腰教育」をもって、教育現場で活用せられた功績も、決して見のがせない後世への功徳と思われます。

さて「廿一世紀の教育において何が一バン大事と思われますか」との質問に対し、即座にそれは「立腰教育ですね」とお答え下さっております。

十息静坐

「皆さん　おはようございます。授業のはじめにあたり、例によって静坐の姿勢に入って頂きます。椅子に坐ったまま、眼をつむり腰骨を立て、息をととのえて下さい」と前置きせられ、「それでは、ハイ　瞑目静坐《めいもくせいざ》！」その号令をかけたまま、先生は黒板に向い、坂村真民先生の詩を、板書せられる。板書を書き終えられてから、「これから、出席簿のお名前を呼びます。わたくしは真剣に読みあげますから、しっかりハイとお答え下さい。」

七字のうた

よわねを　はくな
くよくよ　するな
なきごと　いうな
うしろを　むくな

真民

郵便はがき

料金受取人払

赤坂局承認

4003

差出有効期間
平成18年11月
30日まで
（切手不要）

1078790

（受取人）
東京都港区南青山6-1-23
致知出版社
月刊「致知」購読係　行

生き方のヒントがここにある！ 致知 ご購読申し込みはコチラ

【お買い上げ頂いた本の書名（またはご紹介者名）をご記入ください】

フリガナ		性　別	男・女
お名前	印	生年月日	T S　年　月　日生（　）歳
会社名		部課名	役職名
ご住所（ご送本先）	自宅　会社　〒		
電話番号	自宅Tel　（　）	会社Tel　（　）	
携帯番号			
E-mail			
ご購読開始号	最新号より（本誌は毎月1日発行。例:4月号は3月1日発行です。）	お申込み冊数	毎月　冊
ご購読期　間	□ 1年間（12冊）10,000円	□ 3年間（36冊）27,000円	
職　種	1.会社役員　2.会社員　3.公務員　4.教職員　5.学生　6.自由業　7.農林漁業　8.自営業　9.主婦　10.その他		

※ご購読料の請求書（振替用紙）は、初回送本に同封させていただきます。

お客様からいただきました個人情報は、商品のお届け、お支払いの確認、弊社の各種ご案内に利用させていただくことがございます。

晩年、神戸海星女子大学での、森先生の授業風景の導入部を少し再現いたしました。そして講義に入るのですが、学生諸君に、講義内容の要所急所を手帖にメモさせ、それを期末に提出させ、すべて眼を通されたようです。ところで「**十息静坐**」と題する講義の一節を、再録しますと、

「わたくしは十四歳の時、静坐の師岡田虎二郎先生の偉容に接して以来、わたくしはこの年齢《とし》まで、腰骨だけは立てつづけて参りました。そして、最後に現在に到りえて、皆さんにもお勧めしたいのは、瞑目静坐して一呼吸吐いて吸うての一息を十ぺんくりかえすのです。この易行道をくりかえし身につけて頂きたいのです。物事はつづけないと身に体することは出来ません。最低三年、七年、十年やってごらんなさい」

この「十息静坐」こそ、まさに森先生の慈愛心に基づく簡易の静坐法ではあるまいかと思われます。

箸よく盤水を回す

「盥《たらい》の桶に水を注《そそ》ぎ、その中心に一本の箸バシを立て、静かに小さな円を描いてごらんなさい。そのわずかな回転をくりかえし続けますと、しだいに、波紋をえがき、遂には、うねりとなって自ら回り出し、その流れを容易にとどめ難くなります」――これが「箸よく盤水を回す」という意味だそうです。要するに、小さな運動をあなどらず続けていきますと波紋が波紋を生んで、大きな運動体となるということです。

すでにご承知の通り、自動車用品販売の㈱イエローハット相談役の鍵山秀三郎先生は、今や「日本を美しくする会」の名誉会長として、掃除の菩薩さまと慕われているお方ですが、その鍵山先生の名語録として

★物事は小さく始めて　大きく育てる

★一つ拾えば　一つキレイになる
★続けると身につく　身につくと続けられる
★継続のヒケツは、工夫しつづけることです
★微差僅差のつみ重ねが　遂には絶対差となる
★プールに水一滴の努力も惜しまない
★十年偉大なり、二十年畏るべし　三十年にして歴史となる

このように数えきれなく、すばらしい名言が続きますが、これも掃除を始められてすでに、四十年を超えられた日常実践行の成果であります。

森先生も仰言られました。「もともと実践というものは、野暮ったいものです。キレイごとではすまされないものです。キレイごとの好きな人間は、どうしても実践力に弱いですね」と、耳の痛いお話しです。

伏いだコップを上向けに

先生はよく仰言られました。「まず伏いだコップを上向けにすることが、何よりたいせつです」と。つづけて「すべて礼儀作法とは、コップを上向けにするということです」と。この例話は、わたくしにはよく納得されました。「箸よく盤水を回す」のたとえ話と共に、いつも印象深くいましっかり心に留めております。

思えば哲人・二宮尊徳翁も、譬《たと》え話すなわち具体的な事例をもって、真理を端的に説明されました。釜風呂に入り、湯を前に押しやれば、湯は自分の方に回ってくる。反対に自分の方にかきあつめると、反対に、向うへ流れゆく」これは自利と利他の譬え話によく使われました。

また「釜風呂に入り、立ったままで湯が少ないとかこつより、わが身を屈めるならば湯が充分肩まで、全身をうるほすに至る」と。今一つ印象深い譬え話は、「水車の半分は川の流れにつけてこそ、水車は回りその役目を果す。このように天道と人道の融和があってこそ、世の変化に対応することが出来るのです。すなわち、天道にそいつつ、人道の誠をつくすところに、世の中の生々発展があるのです」と。

ところで「伏いだコップを上向けにする」話に戻りますが、「伏いだコップに水を注いでも周囲を汚すだけです。まずコップを上向けにすることが、何より先決問題です」そしてコップを上向けにする方法として、

㈠朝のあいさつを　相手より先に声かけをすること

㈡相手の美点長所をいち早く発見し　みとめてほめること

しかも一回限りでなく、これもくりかえしつみ重ねることがたいせつなようです。

テレビ対策

九十歳を越えられた時、先生のお部屋に、テレビが搬入されました。その頃、脚が不自由で、杖をついて手洗や食堂に通われる状態でした。ある篤志家は、「先生は一代寸刻を惜しんでお仕事に没頭せられたのですから、もうこの辺で、テレビでもご覧になって頂きたい」というご意向でした。折角のご厚志ですから、一ヵ月ほどは、そのままお部屋に据え置かれましたが、とうとうご覧になることなく、どこかへ移動されました。

そして曰くには、「わたくしも多角的関心のつよい人間ですからテレビは嫌いではありませんが、むしろテレビに執りつかれるのがコワイのですよ」と仰言られました。

かつてテレビの普及しかけたころ、評論家の大宅壮一氏が「一億総白痴化」

と訴えたことがありましたが、森信三先生も、「テレビ対策」に苦慮せられたお一人であります。「生徒についてテレビの視聴を制限できる教師があれば給料を倍あげてもいい」とまで言われたことがあり、また、「各家庭においてテレビ対策を考えてほしい」とまで言われました。

全国津々浦々、山間僻地までテレビの流布は行きとどき、その垂れ流す害毒は、怖るべきものがあろうかと思います。第一、読書力　第二に対話力、第三に集中力の喪失につながるもので、時間のムダ使いは想像以上のものがあります。それに加うるに、携帯デンワの普及は眼にあまるものがあります。車中、ケイタイでメールしているのか、ゲームをしているのか、玩具をもて遊ぶ男女若者の姿の多きこと、まことに憂慮すべき軽薄さであります。

最近「壊れる日本人」と題し柳田邦男氏が警告を発しています。「豊かな心と言葉を失うまえに今、見直さねばならぬ」と。

「朗誦百回書写一回」

森先生が、幻の師として未見の師として、たいへん尊敬しておられるのが新井奥邃先生であります。その奥邃先生の語録集として、『奥邃広録』（全五巻）があることを教えられました。これは何としても入手したいと思いまして、京都の古書屋を歩き回り、やっと購入することができました。

しかしながら、その喜びも束《つか》の間、その難解さにほとほと降参いたしました。いくたびか挑戦を試みましたが、そのたびにはね跳ばされました。容易にその鉄扉を開くことが出来ませんでした。そこで、この表題の通り「朗誦百回書写一回」の教えにしたがい、毛筆でもって、書写することにいたしましたところ、かすかに微光が射し始めました。

それまでに、先生が天王寺師範専攻科の講師時代に、まとめられた『下学雑話』という語録集があり、これを全篇和紙に書写した経験があったからです。「語録」の筆写についての味わいが多少身に体していたからでしょう。
とはいえ、全面的に、納得領解したとは、言い難いもので、その後新井奥邃先生語録『聖言』と題し、新書版にまとめまして、版を重ねておりますが、ある時、森先生からご指摘をうけました。

「**隠路あり、昭々の天に宏遠の道より開く。基督の微妙の戸なり。一息開けて億兆相抱くべし。一息閉じて衆星隕越《いんえつ》を致さん。生命の機は一息に在り。**
——意なり。」

この奥邃先生の語録の位置づけについてご注意をうけ、「聖言」三六五の最後にもってくるようにとのことです。今なお半知半解の域を脱しえない状態です。それにしても森先生は広島高師在学の二十三歳の時この一語に接し、「日本に隠者あり。その名を新井奥邃という」と感動せられたとのことです。

『童安童話集』

森信三先生のお弟子に、京都の福田与《あたえ》という女教師の方がおられました。影の形に添うごとく、目立たず森信三先生につかず、はなれず随っておられました。この福田与先生は、盲学校に勤められつつ、無類の求道者でありました。

その与《あたえ》先生のご縁で、在野の思想家であり、詩人的宗教家である、宮崎童安師の存在を、森先生も知ることができました。

宮崎童安師の、子供たちへの童話をまとめ出版したのが、この『童安童話集』です。その序文を、森先生が次のように書いています。〝童安さん独自の深い宗教的信念が、子どもたちにも分るような面白さのうちに、しぜんと種子蒔きされるようにとの配慮がなされています〞と。

その一例として、この書の中で一ばん短い童話を紹介しましょう。

○三人の天使

信仰という天女、希望という天女、愛という天女――

この三人がある日集まりました。三人は集まっただけで、もううれしくて花のように微笑していました。一度微笑しますと、――ぷーん、とよい香気がまわりにひろがるというあんばい。いや何とも素敵なもので、まるで天国にいるようです。ところが三人はニコニコと笑ってるだけで、言葉を出すものは一人もありません。出せないでもちゃーんと意味が通ずるのでした。やがて三人はめいめい好きなことを紙に書いて、お互いに出し合ってみたら、まア三人とも同じ字で、「忍」という字が書かれてありました。そこで三人ともお互いに顔を見合わせて喜んだ、ということです。

ああ忍《しの》ぶということが如何に天女達の好むことであるかがわかりますね。

- 一家・一校の再建は、まず朝のあいさつから――
- 教育の真諦は自己を育てるにある
- つねに下坐行を怠らぬこと。それにはまず、紙クズ拾いから――
- ハガキ活用の練達者たるべし
- 実行のコツは、着手の第一歩にあり

四、元旦試筆

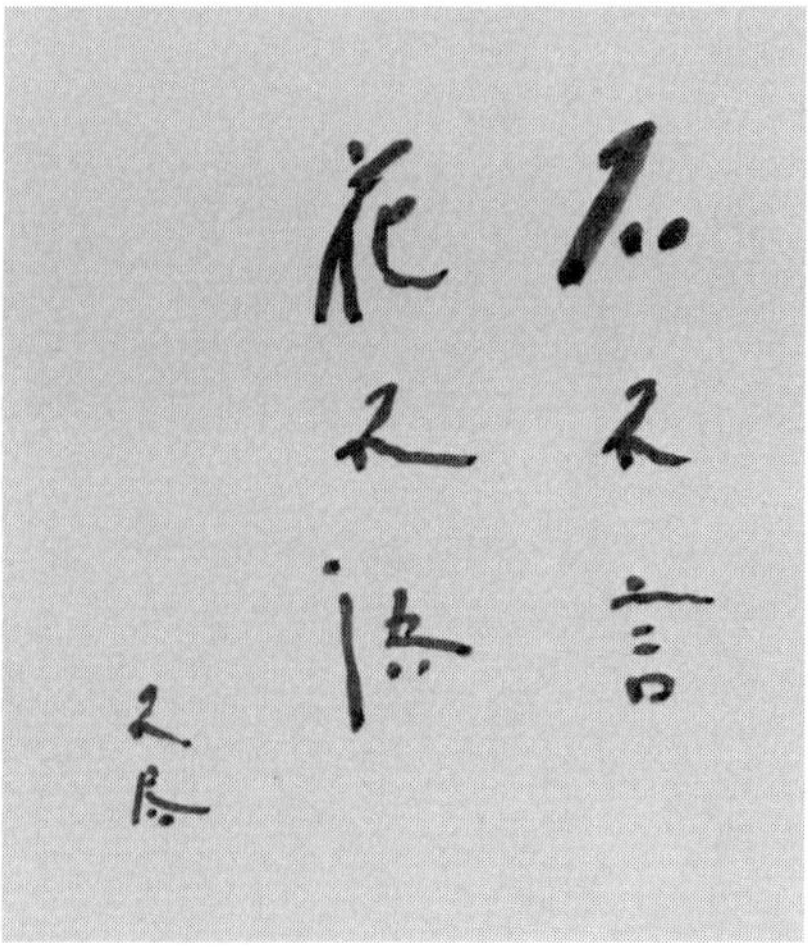

元旦試筆

「続全集」（全八巻）のお申込の方には、森先生は雁皮紙といわれる大判和紙をほぼ色紙大に裁断し、これを新年に最もふさわしい歌や言葉なりを書毫なさいました。これを主として年々の元旦の書初めになされたものですから、「元旦試筆」と申されました。次のお歌も多くしたためられました。

●天《あめ》なれやこの世の「生」のいや涯《はて》に命の甦へり賜《た》びし畏《かしこ》さ

●これの世に幽《かそ》けきき命賜《た》びたまひし大きみいのち常《つね》仰ぐなり

●たらちねの親のみいのちわが内に生きますと思ふ畏《かしこ》きろかも

しかし次第に右手のマヒが進行して字数の多い文章をしたためるのが困難になり、文字数の少ない言葉となりました。

すなわち「丹田常充実」となり、それから「清虚」となり、独特の風格の

センチ離れておったら流れないように——」と諭されました。またお金の取り扱いについて、細やかな注意をいただきました。
○お札を鉢合せにしたり、逆さに不揃いにしないで、財布にきっちりそろえて納めることです。
○お金についても「基礎蓄積」がたいせつです。それゆえ「基礎蓄積」の出来るまでは、きびしく節約すること。
○たとえお金もちになれなくとも、お金に困らぬ人間になるように。
○はした金を粗末にしないことです。昔から「一円を笑うものは一円に泣く」と言われています。

この表題の「微差大差」のコトバは、鍵山秀三郎先生に教わった四文字で、微差のつみ重ねが、大きな絶対差となる教えのようです。

板書の名品

かねてより信州の表具師篠田和吉さんが言われますように、森先生の板書は、みごとなものでした。これを写真に数多く撮りつづけておけばよかったと思います。大阪読書会のはじめにあたり、必ず二、三冊の佳書紹介が書きあげられました。乱雑な字は一切お書きでなかったと思います。かつて国語教壇の師・芦田恵之助先生がそうであったように、一字一字を実に丹念にお書きでした。まるで墨筆をもって画仙紙に向うような謹厳な態度でのぞまれました。しかも先生の流儀で、特にちびけた白墨を選ばれるのがつねでした。

しかしながら、八十六歳のおん年六月脳血栓で倒れられ、入院治療のすえその年の八月夏季研修会に介護をうけつつ出席なされました。

その際、マヒの右手を左手で支えつつ、板書せられたのは、

天《あめ》なれや　この世の「生」のいや涯《はて》に
命の甦《よみが》へり賜《た》びし畏《か》しこさ

で真剣そのもののお取組みで、しかも格調を失わない板書でした。
晩年の日々は、来客訪問者たえず、その中、来信に目を通され、一日最低三枚のハガキ書きを日課とされました。その内の一通を左に。

杉田正臣様宛（宮崎市橘通り東）昭和58・12・18付
御高著『父』拝受拝読。これ正しく一個の「人間宝典」として、敬読心読させて頂きました。明治人の「心」と明治人の「姿」とをこれほど感慨深く拝読させて頂いたのは、今回が最高最深です。私自身が余命文字通り幾何もないからでしょう
（マヒの右手もて――）八十八才　不尽

慈言誠語

尾道に川原作太郎という奇特なお方がおられ、この方と一時期、文通をかさねました。この方は若き日から漁に出て、海で鍛えぬかれた方であり、ハガキ道の坂田道信氏とは、肝胆相照の仲であります。

その川原さんからよく頂いたお便りには「草と石」の短律句が書きそえてあり、それに返歌のつもりで、私も、短歌一首を書きそえました。その拙《つたな》い短歌の百首をまとめ、自らプリントし、森先生へお送りいただいたようです。

それとも知らず、森先生をお訪ねした際、「あなたの短歌集をたのしみに読んでみましたが、どの一首としてとるべきものがなく、少し直してあげたらと思いましたが直しようがありません」

「しばらく二年ほど短歌はおやめなさい。どの一首をとってもアルコールの臭いがプンプンしますよ」と。これには参りました。

いま一つ思い出すのは、まだご縁を頂いて間なしのころ、わが家をお訪ね下さった先生から「あなたは油絵を書くようですね。どーれ、ここに並べてみせて下さい」とのことで、六号の習作を七、八点ならべましたところ、ただちに「この程度なら市展に入選する位が関の山ですよ。油絵はおやめなさい」と。その後、絵筆を持ったことはございません。

その後も、〝あなたとは縁なきものとあきらめる〟と、断絶宣言を二度ばかりされましたが、もとより、私から避ける気は毛頭ありませんでした。

しかし乍ら、そうした厳しい言葉に劣らず、「サスガだね」「ナルホドね」という温情のこもる寸語も数多く頂いております。

森先生は一見厳しい反面、慈愛にみちた和顔愛語の人でありました。

秘中の秘

　ある時、先生にお尋ねしました。「最近わたくしですら、人前に立ってお話する機会を与えられるようになりました。ついては、先生はご講演一万回といわれたほどの、ご経験者でいらっしゃるわけですから、人前に立ってお話をする時の心がまえというか、心得について、お教えいただけないでしょうか」とお願いいたしました。

　そこで先生は「そりゃいい、幸いきょうは、あなた以外に誰れもここにいらっしゃらない。ではこれから申しあげるが、どなたにも口外するではないぞ」「ハイわかりました」「では申しあげますが、それはですねぇ」と、一呼吸いれてから、ややあって、言われたことには、

「それはですね。**与えられた時間を絶対超過しないことです**。それよりもむ

しろ、与えられた時間の長短にもよりますが、その時の三分前もしくは五分前に終わることです。どんな内容のいい話しも、与えられた時間を超過したら、それは減点のマイナスとなります。授業でも然りで、五十分授業なればゼッタイそれを超過しない心がけが第一重要です」と仰言られました。

それを聞いたわたくしは、「なんだ。極秘伝とは、そんなわかりきったことか」と、一瞬、期待はずれの感を抱きましたが、その後、年月を重ねるにつれ、その重大基本条件を認識するにいたりました。

最近知ったお話ですが、かの有名なイチロー選手に、アメリカの野球少年から「野球がうまくなるにはどうしたらよいか」と質問された時、「**それは道具を大切にすることですね**」と答えたようで、ナルホドと納得しました。

またイチロー選手は、準備に万全を期するようであります。

師範時代の日誌

かつて道友の金谷卓治氏と共に、先生の郷里岩滑《やなべ》（愛知県半田市）を訪ねました。その重大目的の一つは、先生が愛知師範時代の日誌が、半田市図書館で保管されているとの耳よりなことをお聞きしたからです。

それゆえ前もって依頼状を出した上で、直接参上、ぜひとも拝見に及んだわけです。ところが、館長の曰くには、図書館類焼の際、すでに焼失した可能性がつよいとのことで、やむなく失意のまま二人は、その場をあとにしました。そして次なる目的地の道順を問うべく、電話ボックスで通話のまっ最中に、誰かが荒々しくBOXをたたくのです。

何ゆえかと、問い正しましたところ、先ほどの図書館員の方で、森先生の師範時代の日誌が資料館に保管されているとのことで、急行しますと、たしかに、信三先生の日誌に相違なく、まさに天佑神助を感じ、金谷氏と喜びあいました。

ところで、その日誌の始めに、師範学校入寮の日のことが記されています。

「午後四時頃入舎。直チニ上級ノ人ニ校内ヲ案内シテモラヘリ。二階ニテ後片付ケノ最中、〝十五小団ノ森サン一寸下マデ〟ト。直チニ行ケバ、父上居マシテ〝モウオレハ帰ル。体ヲ丈夫ニシテ勉強スルガヨイゾ〟〝皆サン、コレハ不行届キノ者デスカラ、何分ヨロシクドウゾ〟ト。児ヲ思フ慈愛ノ念ノ凝ツテナリシ此ノ言葉。五十路へ足ヲフミカケラレシ父上ガ、**十里ノ道ヲ遠シトセズ、荷ヲ持チ来ラレシ、父上ナラデハ誰カナシクレント**、有難涙ニムセビタリ」――。

養父種吉さんが十里の道のりを片曳き車に、ふとんや衣類を乗せ、寮まで徒歩で運搬せられたようであります。

くつのや館

かつて信州は湯田のくつのや館に、篠田和吉さんのご案内で泊めていただきました。森先生が、北信の鄙《ひな》びたこの宿を愛され、この宿の一室で一週間滞在なされ、『宗教的世界』の補訂に没頭せられたそうです。

滞在中に、多くの書毫をのこされたようで、いまも大事に表装し保管し、森先生ゆかりの方とあれば、数多く、床の間や座敷にかけていただき、その書幅に囲まれて、道友と地酒を酌み交し、山菜料理を頂く喜びは、また格別という他ございません。その夜は山口の浦川尚義氏と、貝塚の田端繁氏、そして地元の篠田和吉氏で夜の更けるのも忘れるほどでした。

翌朝、旅館のおかみさんから、森先生のことなどを、朝食のとき伺うことができました。いまもなお、子どもの躾から、夫婦問題、親子問題の教えが、ありありと思い出され、日常有益に活用されているようであります。階上のお部屋の丁度その下が、檜づくりの浴槽となっており、先生も執筆の疲れを癒されたことでしょう。

●みすずかる信濃の宿のひと室《へや》に　遺書をかくがに書《ふみ》かきくらす

●この宿の人らのこころ温《あたた》けし世にも珍らに吾《あ》を労《いた》はるも

●君が退職を惜しむこころやこの宿に長島大人と一夜語りし

長島亀之助氏は、信州教育家の元老でして、森先生とは、二十年にわたる交流の友でありました。長島亀之助氏は、『正法眼蔵』の校註に賭ける思いつよく、晩年没頭せられました。またお酒についての業縁深く

●泰山の崩れむとして崩れざる如しも君が酔へる姿は

『一問一答録』

島根県の浜田市の原井小学校を毎年訪ねられ、㈠まず全校児童へのお話のあと、㈡教職員との「一問一答」、㈢父母へのお話と、決っておりほぼ十年くりかえされました。そのうち、最後の二年間の「教職員との一問一答」は、質問した当人がテープレコーダから文字に再現し、全職員のものを、とりまとめたものです。（昭和四十年二月分・昭和四十一年二月分）

ところで、このたび今一度通読して、先生の即答録の中で特に教えられ心にひびく数々を、左に揚げてご参考に供したいと思います。

○教師が何か一つやり抜くということが、道徳教育の根本であると同時に、教師自身の主体性の確立するゆえんです。

○目標はなるべく低くして、その代りどこまでも貫くというやり方のほうが手堅いと思いますね。

○「腰骨を立てる」ということが、衝動性を直す一ばん根本的な対策。

○人間は例外を作ったらだめですからね。一たん決心した以上、毀誉褒貶《きよほうへん》を越えてやりぬくのですね。

○**人間は覚悟をすると知慧が出てくる**——これを主体というのです。

○子どもに朝の挨拶をしこむには、親の方から先に「おはよう」というほかないのです。

○夫婦が毎朝挨拶を交わすということで、ここまで来れば、ほぼ「理想の家庭」といってよいでしょう。

○テレビの誘惑に、どこまで抵抗できるようになったかどうかは、子供の主体性のバロメーターです。

「耳順《じじゅん》」の戒め

「ワレ十有五ニシテ学ニ志シ、三十ニシテ立チ、四十ニシテ惑ワズ、五十ニシテ天命ヲ知リ、六十ニシテ耳順イ、七十ニシテ自ラ欲スルママニシテ矩《ノリ》ヲ越エズ」これは『論語』の「為政篇」にある孔子さまの一生の道程を示すものとしてすでにご承知の通りです。

さて六十歳の還暦を迎えた時に、先生から次のコトバを頂きました。

「六十にシて耳順《みみした》がうと、論語にありますが、耳順とは、他人《ひと》さまの仰言るコトバが素直にうけ入れられるようになるということですが、と同時に、六十になってはじめて〝真理の肉体化〟がはじまる、ということなんですよ」

と、お聴きしました。

「**真理の肉体化**」とは、真理が身につき出すということで、それまでは、観念や概念の上のことで、俗に言われるように、アタマでは解ったつもりですが、なかなか全身全霊の全細胞にまで行きわたらないわけです。またある時、「キレイゴトの好きな人はどうしても実践力は弱いですね」。そしてまた「頂門の一針《いっしん》」ともいうべきコトバをいただきました。

「足元のゴミ一つ拾えないで何が実践ですか」と一喝されました。

先生は、南千里駅の改札から階段、ホームのゴミは、吸いがらは勿論、タバコの口とり紙まで、身をかがめ、トッサに拾われました。自分の乗降の駅のゴミは拾うと決めたら、人の視線を気にせず、勇気をもって拾われました。平成四年十一月、九十七歳をもって天上の人となられましたが、その年の二月、わたくしは、お掃除菩薩の鍵山秀三郎先生に奇しき出会いをいただき現在に到っております。

定年退職後の生き方

「人は退職後の生き方こそ、その人の真価だといってよい。退職後は、在職中の三倍ないし、五倍の緊張をもって、晩年の人生と取り組まねばならぬ」

と、森信三先生の語録『一日一語』にあります。

これは、六十五歳をもって、神戸大学教授を退官せられた自らの体験と、また後進の方々への老婆親切の情から発するコトバであります。

同志の方で定年退職の報に接するや、よく次の一首を呈上されました。

ひとすじの道歩みきし君ゆへに
いよよきびしく生きたまふべし

そして、退職後は、㈠少なくとも一日三枚のはがきを書くように、と勧められました。この一事を守り通されたのが、千葉県の伊藤裕三氏で、このお陰で、大酒飲みの業を断ち切ることが出来たと、いつも述懐しておられます。つぎに㈡退職後は、読書会に参加し、自費を払っても、研修会にすすんで参加するよう奨められました。その㈢として、「自伝」を書くように。「自伝は一種の報恩録ですから、形式はともかくも、必ず書きのこすように」と重ねて説かれました。

また「道縁」というコトバをたいせつに、よく口にせられました。

「**幸福とは、縁ある人々との人間関係を噛みしめて、それを深く味わうところに生ずる感謝の念に他なるまい**」

晩年にさしかかったわたくしは、いまいちばん噛みしめ味わうべき師の遺訓として、日にいくたびとなく思い起しております。

「笑顔にひらく天の花」

昭和四十年二月に、小学校時代の恩師露口忠春先生のご紹介で、わたくしは、森信三先生にご縁をいただきました。先生は七十歳、わたくしは三十八歳でした。当時は、家業である呉服商をうけつぎ、商店街の中で営業しておりました。その頃、岸和田の婦人学級やＰＴＡの講演にしばしば来講なされ時にはわが家にお立寄り頂きました。

お得意さまへの進呈用として、木綿の布地にお染めしたい意向を伝え、先生に何か一筆を所望しましたところ、「笑顔にひらく天の花」と揮毫下さいました。

さて笑顔についても、「鏡笑法」として具体的なお教えをたまわっております。朝はもちろん日にいくたびか、鏡に向うたびに、三段階の笑顔の練習をくりかえすことをお勧めくださいました。もともとわたくしは人づきあいのニガ手の性格であり、その上、上下の歯列がきわめてわるく、自然にものを言うことを避ける傾向で、したがって商人でありつつ「笑顔」の極めてまずいことは、認めざるを得ませんでした。

そこで「笑顔」に関する語録をいろんな方から教わりました。

▼笑う門《かど》には福来る
▼笑顔があれば笑顔がかえる
▼人は鏡　鏡に向いまず笑顔
▼顔晴れ　顔晴れ　日本一
▼笑顔は　世界の共通語
▼笑顔にまさる化粧なし
▼笑顔にまさる出逢いなし
▼笑顔の唱句ラッキークッキーウィスキー
▼商は笑なり　笑顔の先手
▼而今《にこん》ニコニコ　笑顔でやる気
▼笑顔の種まき　明・元・素
▼笑顔パワーで　いつも晴天

旅のやど帳

先生にとって布張りの和綴《わとじ》帳と、矢立ては旅の常備品でした。これは旅のやど帳とよばれる「日録」であると共に、いまひとつ「契縁帳」でもありました。読書会やそれに準ずる小集会があれば、出席者にいちいち矢立ての小筆をもって記名を促されました。

旅先では先生のご来行を待ちかまえて、地元の同志が集まり、晩さん会を催し、そのあと個人的な相談にも乗り、どうしても夜は十二時を過ぎることがしばしばでした。そのあと奮起一番、白兵戦に臨む思いで、その日の日録記帳に向われるのでした。いま『続全集』に所載の日録抄を開いてほんの一部をご紹介しましょう。

○（昭和四十五年四月十二日）起床八時。終日家居。但し局へ往復、投函

のためなり。終日書信に没頭し、夕方に至ってようやく完全に皆済ませて心安けし。よってそれより、この間うちから『幻の講話』の稿を中止して、松山の老歌人の五百木小平氏の歌稿『埋れ火』の序文の清書と共に、最終的な仕上がりをすれば、すでに午前二時を過ぎたり、よってこれより床上の人とならんとす。

○（昭和四十五年六月二十二日付）起床六時半。朝食パン、七時過ぎ家を出て三宮経由にて海星大へ。そして午前三時間、午後四時間講義。了って急ぎの手紙数通。七時閉門。それより三宮に出て夕食。一寸古本屋をのぞいて、八時三十六分発の日南一号の客となり、寝台上段に身を横たえて書見。やがて疲れて眠りに入る。

「年譜」によれば、七十五歳、『幻の講話』の執筆着手のころです。

山県教授の名著『人間』

先生が、正に古典的名著といってよいとまで言われる――山県教授の名著を手にして読んでも、わたくしの力量の及ぶところでございません。全く歯が立たなく、少し辛抱して読もうと挑戦しても、挫折感を味うばかりです。しかし、大阪読書会でも過去五年にわたり、本書をテキストと講義いただいた日もあり、先生の解説をうけている間は、少し微光がさしそめるほどで、いかにわたくしの読解力の低さを味わうばかりです。

聞くところ、神戸でも岡崎でも、また大学でもこの『人間』をテキストとしておられるようでした。そして、「こうした現実界の広汎な諸領域に対する教養を、一体いかなる学問を専攻して身につけたか」先生としては、最大の興味と関心を示されたが、結局、東大の英文科のご出身でダンテがご専攻だと知るに及んで、山県教授は〝**現代の神曲**〟を書こうとせられたのだ!! と天啓のごとく知るに及んで、一切が分明となったと言っておられます。

そして、第一篇が「地獄篇」、第二篇・第三篇が「煉獄篇」、そして第四篇が「天上界」だと教えられるにいたって、少し内容的理解に微光がさしそめたと言っていいほどです。と申しても全面的消化にいたっていないのは勿論のことです。

だがしかし、森先生が大阪道頓堀の古書店の「天牛」で〝魂の閃光〟のごときコトバに心打たれて、これほどまでに惚れこみ、心ある方に推挙し、各地読書会のテキストとして、多年にわたり活読せられるとは、まことに稀有のことですから、ここにその事実をお伝えするばかりです。

「婆子焼庵《ばししょうあん》」

これは臨済宗にて師家から与えられる数ある公案の一つです。かねがね、森先生は公案は一つ通過すればよいと仰言ってかられました。たとえば、「父母未生以前の吾」とか「隻手の音声」とか、「一箇の無字」とか、「庭前の柏樹子」とかがあるようです。

ところで「婆子焼庵」の公案とは、むかしむかし一人の老婆とひとりの娘が住んでいました。その離れ屋に、将来性ある修行僧が仮寓しておりました。二十年も経過したある日、老婆は娘に命じて、その僧の居住する離れ屋に行かせ、その五体に抱きつくように命じました。娘は老婆の命に従い、行動し、言われるままに問いかけました。「どういい感じ」と。そうすると、僧は、「枯木寒巌に倚るが如し」（何ともない。いいも悪いもない）と答えたそうです。それを聞いた老婆は、何を多年修行したのか。即刻その僧を追い払っただけでなく、けがらわしい庵居まで焼き払ったという話です。そこで、森先生は、「わたくしは八十歳を境に、天から婆子焼庵の公案を授かったですね。この公案には全く通る自信がなかったですが、ところが、天の導きというかお情けによって、やっと通過させてもらったですね」とある時フト洩らされました。興味深い話ですので、胸中で噛みしめておりましたが、ある時、この「天のみ情けで通過させてもらった」というお話はどうも理解できません」と申上げたところ、「そりゃあなたはまだお若いからですよ」とニコヤカに応答せられました。何しろ知解と体解の差でありましょう。

とにかく「性」の問題は生の根本衝動ゆえむつかしく、ある時、森先生は「仏魔紙一重」とも「魔界難出」とも書毫せられました。

白幽子の遺跡

昭和四十三年五月五日のことです。京都労働会館にて、商社の若き営業マンを対象に、先生の講演をお聴きしてのち、北白川の「白幽子」の遺跡へご案内いただきました。当日お供したのは、まず福田与先生に登尾仙太郎先生とそのお嬢さん、そして鬼塚雄二君（当時学生）と私の五名でした。

白幽子とは、かの白隠禅師が『遠羅天釜《おらてがま》』に記してあるように、白隠の師にあたる方で、白幽子の「軟蘇《なんそ》の法」によって、一種のノイローゼが救われたのです。俗な言い方をすればチーズの固まりを頭のてっぺんにのせて、それがとろりとろりと溶解して、たらりたらりと頭の先端から全身にとけて流れるいのちの感覚を教えられたのでした。要するに荘子の「足の裏で呼吸せよ」と同じで、重心を、頭から肚へ、そして足心にということです。

ところで、白幽子の遺跡への道順ですが、詳しくは、先生の『全集』二十四巻に掲載の『隠者の幻』に記載されていますので興味ある方はお読み頂くとして、京都の北白川仕伏町のバス停から聖パプテスト病院を目指し、次に大山祇神社を通過。それより細い山道に入ります。

さて、数ある先生の著述の中でも、特別の光芒を放つ『隠者の幻』こそは、先生の内なる「求道と伝承」の熾烈さを物語るものと言えます。ある時先生は仰言られました。「わたくしは、必ずしも隠者ではありませんが、隠者への憧憬においては人後におちぬものを持っているつもりです」と。

先生の歌集として市販されたのは『国あらたまる』のみですが、いま一つの「ひとすじの道」と題する未刊歌集の中に、

●一人の隠者の心幽《かそ》けくも追ひ求めてぞひと世過ぎしか

衣服革命

昭和五十年十二月二十三日の午後四時ごろ、(先生みずから正確に書き記しておられる) 神戸の三宮商店街を歩いておられる時、店頭のホームスパン織の若者用オーバーに着目、これを入手せられたとのことです。おん齢八十歳のときのことです。

これが、一つの転機となって、これより一年間に、当時の金額でほぼ百万円を注ぎこんで、次から次へと、一見、三十代のヤング向きと思われる服をつぎつぎと購められました。それはまたまことに凄まじいもので、心斎橋通りをお伴し、通行のとき店頭の陳列体型に着用の、純白三ツ揃えの洋服に着目、即刻もとめられ、ついでに深紅のネクタイも購められました。今までの古着は、ダンボールにつめ、すべて処分し、最新型洋服に切りかえられました。その転換のあざやかさは、目をみはるばかりで、驚くばかりでした。心機一転、八十歳代を生きる心構えの切り換えは、実にお見事でした。そしてみずからこれを「衣服革命」と申されました。

そして昭和五十年の「年譜」をひらいて見ますと、「実践人の家」の建設に着手し、落成をみた記念すべき年でありました。

先生自身が、全生涯をかえりみまして、「**いのちの展開過程**」ともいえる、年代別の位置づけの記録があります。（左はその抄録）

★七十歳——「世の中両方良いことはない」という易簡なる真理に。

★七十七歳——長男の死を機とし、独居自炊の生活に入る。

★八十歳——第二の誕生ともいえる根本的転回を痛験。いのちの「全解放」の消息に与《あず》かる。——とあります。

老朽坂

神戸大学で先生に教わった山崎俊作氏よりお聞きした話です。先生はいつも「君たちは、在学中、駅から学舎まで往復徒歩で歩き通す覚悟が大事です。わたくしも定年退職の日まで、雨の日でも歩き通すつもりです」と、よく仰言られたそうです。阪急沿線の御影から鷹取山の学舎まで急な坂道で、人呼んで老朽坂と言われているそうです。この坂が歩きづらくなったら、何より老衰の証拠とのことです。

ある日、わたくしも思い立ち、ぜひ体験してみようと思い、阪急御影駅を下車、とにかく山手の方へどんどん歩き続けました。途中岐れ道にさしかかり、右手をとったので、高級住宅街に迷い込み、ひき返す次第でした。とにかく急な坂で、かつての神戸大学の分校として教育学部の跡地は、いま高等学校の校舎になっていました。途中、登山姿のご夫婦にも出会い、軽々しい考えを思い直すほどで、あえぎあえぎ登りますと、バス停があり、やっと辿りついた次第でした。

帰りは、幸いにもバスが来ましたので便乗しようとも思いましたが、やはり往復歩かねばと思い直し、歩き通し往復五十分の行程でした。

御影駅に辿りつき、フト駅前の小さな書店に何げなく入り、手にした「生き方文庫」の『大語録集』と題する書物に、なんと随所に、森先生の語録が載っていました。

○「人間は一度思い立ったら石にかじりついてもやり通す構えがなくてはなりません」

○「百人中　九十九人が向う岸を降っておっても、自分ひとりがこちらの岸を川上へ歩き通す覚悟がなくてはなりません」――と。

- 「人生二度なし」と念じて、つねに腰骨を立てること
- 一切の悩みは比較より生じる
- 生身の師をもつことが、求道の真の出発点
- 人は退職後の生き方こそ、その人の真価だといってよい
- 一日読まざれば一日衰える

五、有馬の一夜

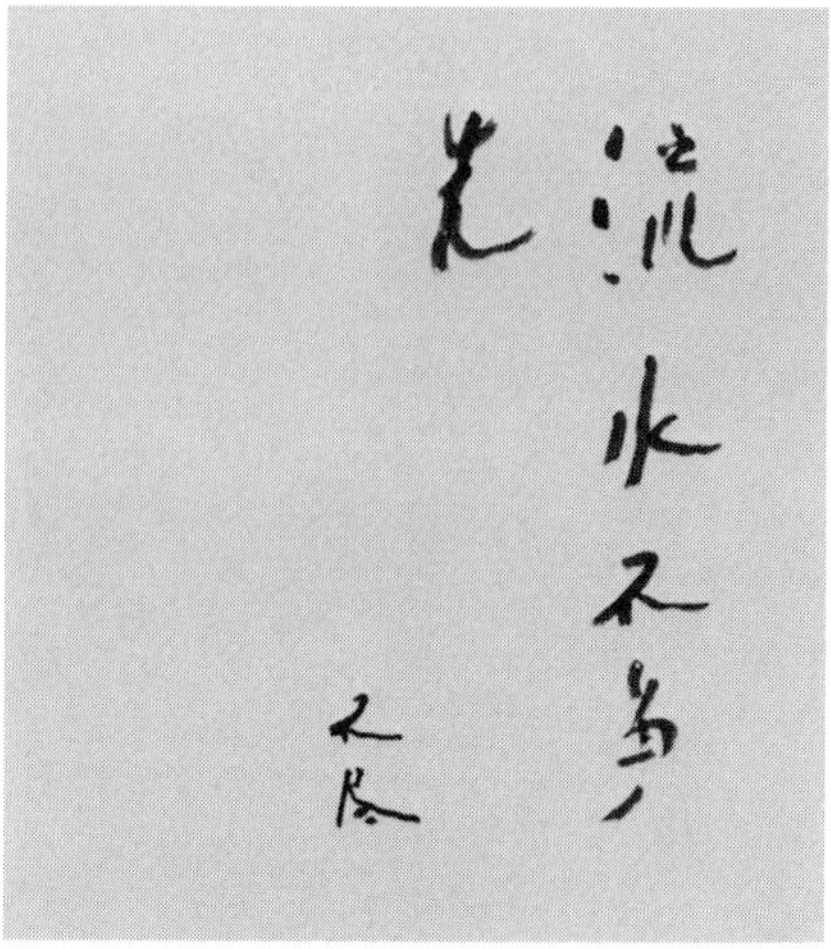

有馬の一夜

かつて文人知事と呼ばれた阪本勝先生と、森信三先生との出会いは、また劇的なものでした。この出会いを演出せられたのが、森門下の高弟の上村秀男先生です。上村先生は、俳号を三竿と号し、数多くの人生句を残されるだけでなく、その「著作集」の名品は、今なお清香を放つものがあります。

森先生との関係は、孔子における顔回にも比されるお方です。多年の宿痾のため、満六十五歳で逝かれましたが、森先生へひたすら敬順されました。

ところで、上村先生の「有馬の一夜」を題する一文に、「君と共に一夜語る　十年書を読むにまさる――とは、中国の程伊川の言葉であるが、有馬の一夜は、まさにその通りであった」と冒頭書き誌されています。以下少しく引用いたしますと、

「二階の奥まった見晴しのよい部屋に通されたが、森・阪本両先生は挨拶もそこそこに、直ちに美術の話からはじまった。阪本先生は、仙台の二高で、森先生は広島高師で学ばれた福島政雄先生のことに及ぶや、お二人ともこれまで誰にも語られなかった秘話が出て、女中が何回すすめに来ても、なかなか入浴なさらない。

やっと、おみこしをあげて入浴したのは、もう七時半ごろ。森先生が、石川君の背中を流されたので、同君はすっかり恐縮している。私は、森先生の背中を流した。十五歳から腰骨を立て続け、鍛え抜かれた先生のおからだは、柔軟で弾力があり、とても七十一歳とは思われない」と。石川君とは立花中学の英語の教師とのこと。森先生がわが孫の年齢にもあたる石川君の背中をいちはやく流されたこの一事に、わたくしはいたく感動し、「不軽菩薩」とさえ思えるのでした。

両腕に時計

一時期、先生の両腕にそれぞれ時計がはめられていました。一方の時計は逝きしご長男の忘れ形見の時計〝ウォルサム〟でした。いま一つは、黒い文字盤に全く記号は一切なく、上にダイヤが一つ輝き、長短針のみの、実にシンプルな、神秘的とさえ思える時計でした。たしかご長男をなくされて、二、三年後に購められたものだったと思えます。

ご胸中深く、じっと悲愁を嚙みしめ、一切口にされませんでしたが、堪えておられたことでしょう。そして一方の時計を、五分早めておくのです。この五分で、大いにたすかることがある、と仰せでした。わたくしは、無粋なもので、時計にも興味がなかったのですが、昭和五十四年五月『不尽叢書』全五冊の完成記念に、アラビア数字入りのセイコー時計クオーツを購めましたが、今もこれを愛用しています。

ご長男さんのことで、一つ思い出があります。ある日、例によって、南千里のお宅をお訪ねした際、めずらしくご長男さんがおられ、父子の対話を、側でお聴きする機会がありました。昭和四十二年ごろのことです。

話がたまたま『修身教授録』のことに及びまして、「お父さん、修身教授録の書名ですが、少し今の方には受け入れにくいのじゃないでしょうか、題名を今風に替えられてはいかがですか」と、さりげなく申されたところ、先生は、「ナニを言うのですか。わたくしが世に出たのが、修身教授録のお陰じゃないですか。君までがそういうことがわからんのですか」と決然と仰言られました。その後、致知出版社より出版されて、今では、古典的名著として注目されつつあります。

『凡骨伝』

「実践人の家」の城代家老という尊称の主こそ、端山護先生です。そしてその尊称をとなえ始めたのは、熊本県八代の教育者、徳永康起先生でした。わが城代家老は、百キロ近い巨漢でして、多年森先生にお仕えし、その事務的処理を消化《こな》されました。書庫の一隅にしつえられた腰掛式いろりで事務をとられ、時々鳴る呼鈴《よびりん》に、巨体をやおら起され、森先生の元へ来られ、ハイ、何かご用ですかというゆったりした仕ぐさが、なつかしいです。

端山氏とわたくしが、森先生のお伴をして、八尾の名医甲田光雄先生の診察をうけました。その時、甲田先生の曰くには、森先生の容体より何より、心配なのは、端山さんあなたの身体で、この半年もつかもたぬかですよと宣言せられました。食事のメニュー百グラムの玄米粉と豆腐半丁、生の大根、ニンジンのすったもの一日二回を示され、実行したのは、一ヶ月あまりで、その食養生を打切られ、その五ヶ月後惜しくも天に召されました。

端山先生の死後、その唯一のお弟子である玉田泰之氏によって『端山護一巻全集』が見事に刊行されました。そのなかに集録されております、森先生の序文がすばらしく、また第一章の「**森先生と共に**」の遺稿は、何より、師弟関係の出会いのふしぎと、その後の呼応発展の一端を述べられたものです。なお、端山先生の古稀記念会に発行された自伝『**凡骨伝**』の終章「わが子わが孫たちへ」のコトバにも心打たれます。「今日私がいささか読書をたのしみ、精神的に生きる歓びを感ずることができるのは、言うまでもなく先生の並々ならぬ、ご慈愛によるものであって、先生なくしては今日の私はないと思っている」と。わたくし自身もかえりみて全く同感であります。

『不尽先生墨蹟集』

「長い間わたくしは、此の世の真物と偽物を見分ける事に生涯をかけて来ましたが、一度森先生の書体を拝見して、近頃稀にみる眞物の書と確信いたしました。私の眼に狂いはありません。長谷川利行も宮島詠士も斎藤真一も中山優も皆、わたくしの眼で捉えた神品です。

もちろん森先生の書もこの範疇で光を放つ書で、後の世の民族の宝となるものです」（後略）——と。これほど、森先生の「書」についてその真価を活眼をもって認めて下さったのは、**東京・羽黒洞**の会長の**木村東介氏**ただおひとりです。

ところで「書」について、先生自身一つの識見をおもちでありまして、「書」についての小論があります。その小論において、

○職業的書家のほとんどがマンネリ化している現在、特色のある字を書いているのはどうも作家たちで、流石《さすが》に個性的な文字を書いているのに本当に頭が下がるのである。
○私の書く拙い文字のうちに一おう何とか見られる文字があるとしたら、それは「板書の文字」ということになりそうである。
○童安さんの書は大正から昭和の時代に生きた一人の「野の宗教詩人」の自己表現として、やはり「現代の書」というべきであろう。だがこの様な気品高き童安さんの書なのに、今日までほとんどその真価が認識せられていないのである。たった一人童安さんの書に対する最高最深の認識者は、明治以後、鉄斎と並ぶ天才画家の村上華岳氏である。
こうした深き洞察をもたれる破格の眼力を先生はおもちだったようです。

銘酒「小鼓《こつつみ》」

昭和五十四年八月『不尽叢書』の第五集「不尽片言」を発行することができ、これで『不尽叢書』の完結をみるに到りました。森先生もたいへんお喜びいただき、あなたのために祝杯をあげようと仰せになり、近くの酒店にて焼酎二合を購められました。先生のお宅で夕方の五時より飲み始めました。先生はほとんどお飲みになりませんので、お注《つ》ぎ頂くままに、私ひとりチビリチビリとやってます内に、ほとんど残り少なくなったころ、同志の綱沢昌永さんがたまたま訪れました。

いい折りにお相手がみつかったということで、とっておきのお酒として、先生はおもむろに「小鼓」一本を押入れから取り出されました。

これは丹波の銘酒で、芦田恵之助先生がとりわけ愛飲されたものです。綱沢さんと二人で飲むほどに、酔うほどにおしゃべりがすぎ、いつの間にか、夜の十二時近くになりましたので、先生は泊って行きなさいと言われましたが、どうしても帰ると言って聞き入れず、立花駅で幸いにもタクシーを拾い、無事帰宅しましたものの、思えば、愚の骨頂の全露呈でご迷惑千万をおかけした、失敗談の一節であります。

先年、思い立って、芦田恵之助先生のご郷里を訪ね、その終焉の地の法楽寺を訪ね、お墓に詣でました。それは『偉人伝記』の二十一人の内のお一人として取りあげさせて頂いたご報告とお礼をかねたものです。

その帰途、思いたって「小鼓」の醸造元を訪ね、いよいよ丹波の銘酒「小鼓」が忘れがたいものとなりました。

芦田恵之助先生のお人柄と共に、この人この酒を生んだ丹波の地の田園風景は、日本人の故里という感じであります。

壱岐の「鬼凧《おんだこ》」

福岡には道縁あつき帆足行敏氏がおられます。今なお毎年二回の研修会を継続せられるだけでなく、博多駅周辺の掃除の会も、年々注目を浴びています。森先生在世当時は、先生を福岡の地にお招きし、講演会をしばしば開催せられました。ある時、先生を県立美術館にご案内したところ、松永安左ヱ門翁の等身大の肖像写真の前に、とり憑かれたように立ちつくし、なかなかその場を離れようとせられなかったとのことです。

そして後日、縁あって先生は安左ヱ門翁の郷里「壱岐」の旅となり、「鬼凧」をみやげとして持ち帰られました。かつては壹岐は、鬼が住みつき、その鬼退治をし、鬼の統領の首をはねたところ、その首が武将の鎧《かぶと》に喰いついている図柄です。その「鬼凧《おんだこ》」を部屋の壁面にかかげ、松永翁の話はつきず、翁のスゴサは、この鬼爪に象徴された凄まじさであると、力説せられました。松永翁の伝記については、作家小島直記先生が、三度にわたり、執筆せられるほど、魅力ある人物と思われます。後年わたくしも、福岡での「はがき祭り」に招かれたあと、青柳親男氏と共に、壱岐へ渡り、その日本海の荒磯に立ち、また翁の生家の記念館を見学しました。

松永翁の写真をみて感ずることは、何よりその面魂のバイタリティです。そして言うなれば「真志正望」の高さであり、大局観に立つ、観の眼の鋭さであり、即今着手の実践力であろうと察せられます。

森先生のコトバを借りると、「一眼は歴史の彼方へ、他の一眼は脚下の実践へ」の代表人物といえましょう。八十歳でロンドンにトインビーを訪ね、その翻訳権をゆずりうけ、邦訳『歴史の研究』全二十五巻を世に出した、その無私の偉業に驚嘆するばかりです。

歌集『埋れ火』

この歌集は、赤裸々たる老人の「性」をよんだもので、まことに珍らしいものです。作者は松山の五百木《いおき》小平という方で、その娘、五百木美須麻流《みすまる》姉は、森先生の専攻科時代の教え子です。そうした関係で、四国行脚の際、いくたびと親交を重ねた上で、「老人の性」を短歌に表現なされたら——とお勧めした関係で、結局、最後は森先生の責任選歌となりました。

さて、その歌集から少し拾い出してみましょう

●太乳の波うつ乳房懸かりたり朝日につゞく群暈《ぐんうん》の中

●大乳房波打たせつつ眼のあたり此処まで来ると大日靈貴《おほひるめむち》

●今一度老い果てぬ間に抱かむと妄執深く内に宿れる

●浅ましと思ひながらもいやはての今一度の麻久波比思ふ

（大日孁貴の日孁とは日の神で、天照大神の敬称のようです）

美須麻流とは、多くの玉を糸で通して環とし飾りとしたものを指すようで、五百木氏は、『万葉集』や『古事記』にもよく通暁する深い見識のお方のようです。

ところで「性について」の小文が、『全集』十九巻の「随筆集」の中にありますが、興味のある方はご覧いたゞくより他ありませんが、要するに「性」について質問をうけても答える義務がないというのが、結論のようです。性欲というものは、老齢になるとたしかに衰えを示すことはまちがいないが、性への関心というものは、人間生きている限りは、無くならぬものと思われます。結局のところ、性の問題は、人から教えられるべき事柄ではなくて、自らが学び知るべきことというべきでありましょう。

朝日新聞「標的」

かつて昭和四十五年十一月二十五日付朝日新聞（夕刊）のコラム欄「標的」に「◇実践人という雑誌がある。森氏を主宰とするささやかな教育雑誌である。森氏は、一般にはほとんど知られていないが、現代における真の隠者と称せらるべき人であろう。氏は、マスコミからは、巧妙に隠れているが、七十歳を越えた今もなお、かくしゃくとして新しい教育哲学の創造という学問的課題と、その哲学の普及にうむときがない。何よりも求道的性格が多くの人をひきつけて、まじめな教育者の中には、氏の徳をしたい、氏を師とあおぐ人が多い（後略）」

と掲載されていました。その一文をいま読み返し、一つ受けとり難いのは、マスコミから巧妙に隠れているのではなく、マスコミに自ら近づこうとせられなかっただけであります。また森先生は隠者ではなく、隠者への憧憬者にすぎぬと、その時仰言られたのを思い出します。

ところでこの「標的」の一文を読まれて、新聞社に問合せをし、それを機縁に、先生と道縁を結ばれたのは、私の知る範囲では、信州松本の中澤寿男《としお》氏であり、京都の田村晃氏もそのお一人であります。

なおこの日の強烈な印象として忘れがたいのは、三島由紀夫の自決の記事で、全国民を震撼《しんかん》せしめた事件の日だったのです。因みにこの「標的」の執筆者は、かの梅原猛氏でした。

梅原さんの出生については、自ら語っておられる通りで、知多半島の先端の内海町のご出身で、祖父母に育てられたお方で、京都大学哲学科を出られ、佛教の造詣深く多彩な感受性と創意に恵まれております。

南部《みなべ》の梅林

大阪天王寺の四天王寺学園で、毎月「大阪読書会」が開かれたころ、和歌山よりよく出席なされたのは、下津井町の福井英一氏と堀田博夫さんでした。ご持参の紀州みかんをよくいただきました。いつしかお二人の姿がみられなくなり、お二方とも日をおかずしてお亡くなりということでした。

先生は一度お二方の佛壇に参拝させて頂きたいということで、和歌山の浅井周英氏から送られた行き先の地図をたよりに、私の車で同行いたしました。福井氏は、高等学校長で、堀田さんは農家で、共に心から森先生の著書を愛読してやまぬ篤実なお方で、仏前での先生の合掌もおのづからご丁重そのものでした。辞去してから私どもは、県下の道友である湯浅町の横貫喜美代さんをお訪ねしました。玄関に、先生の好きなさんしゅゆの活け花をもってお迎え下され、南部《みなべ》の梅林へご案内いただきました。

冷たい風が曇り空に吹き荒れて、白梅もやや生彩がなく遠くにちらほら紅梅を交える光景は、心なしかやや寂寥というところで、その時いったい森先生は何をお考えなのか、私には知るよしもありませんでした。

その夜は、折角だからと言われて、白浜の温泉宿で一泊、一夜を共にし、翌朝帰路につきました。往復運転の助手席に身をゆだねられ、車中、話は尽きませんでしたが、あまりお話の内容は憶えておりません。

ただ一つ「年がいくと、白梅よりも紅梅に心ひかれますね。かつて、小田原・はじめ塾の和田重正先生をお訪ねした時、紅梅の苗木をおみやげに持って行きましたよ」と。たしか先生は八十二歳のころ、わたくしもその実感に近い年齢となりました。

松葉酒

先生は、日本酒やビールを、宴席でたしなまれる程度で、自らすすんで飲まれることはありませんでした。しかし最後までおつきあいのいい方で途中中座ということは、全く聞いたことも、見たこともございません。

ところが、薬用酒については、最大の関心をもたれ、「養命酒」や「陶々酒」を飲みくらべ、比較検討されました。とりわけ「松葉酒」を自ら手作りし、いろんな薬用酒の中で、最上最適のものと思われるとまで仰言られました。

先生の全著述の中で、特異な光彩を放つものとして「ある隠者の一生」(『続全集』第六巻)——と題する小説風のものがあります。その主人公は、名児耶《なごや》承道先生と言われるお方で、先生の幻の師とも思えるし、先生の分身

とも覚《おぼ》しきお方です。その「山中籠居」の記の中で、

「この松葉酒となると、純日本的な天与の薬用酒ともいえそうである。げんに原料の松葉以外には、三十五度の焼酎と蜂蜜少々を加え、そこへ肉桂粒少量を加えればよいのである。

因みに、予がこの『山中籠居』を始めるまで愛用していた松葉酒は、隠岐の『学聖』といわれた永海佐一郎博士の夫人より、はるばる隠岐の松葉を送って頂いて作った品であるが、実にスッキリしキッパリしていて、市販の薬酒とくらべる時、まさに段が違うといわねばなるまい」

先生は、最晩年におかれて、「わたくしの葬式のあとで、こうした薬用酒を皆さんで頂き、思い出でも語って頂いたら満足ですよ」と呵々大笑されましたが、そうした一夜をもつにいたりませんでした。

負《お》い籠《こ》

大阪読書会が、金戸守先生のお世話で四天王寺学園の一教室で、昭和四十四年以来再開せられるようになり、毎月一回、森先生のご来会をお待ちしました。毎月いちばんの楽しみとしていた私は、たいてい教室へは一番乗りでしたが、時たま先生はすでに到着せられ、教室の開くのを待っておられることもありました。夜行列車で到着の大阪駅から直行下さったのです。はじめは藺草《いぐさ》の肩かけ袋でしたが、晩年それが、負い籠に代り、その袋の中は、一パイ本をつめ、おまけに風呂敷包みの小荷物を括《くく》りつけられた旅のいで立ちでした。

負い籠姿は、森先生のシンボルともいうべき独特の旅姿でした。そして時に尿瓶《しびん》まで顔をのぞかせたりしました。そしていま一つの特色は、津軽の錦石の棒タイをよく使用されました。

そもそもこの津軽特産のにしき石の棒タイとの出会いは、木村將久氏（教育界の鬼才木村將人氏のご尊父）の手づくりのもので、素朴・雅味・利便という点で、先生の好みに合致し、当初大いに活用せられ、流行の先駆けを行く次第でした。われわれ同志間においても、四、五本のさまざまの錦石の棒タイを購め、大いに着用し、その簡便を楽しんだものでした。

こうした処にも、先生の独特の眼力が光ったものでした。先生の教えの一つに、「**人も物もよく噛みしめ味うべし**」とありますが、人のみならず、物についての鑑識眼においても人後におちぬものを持たれたようです。それは、当然、味覚においても言えるもので、驚くべき味覚の持主であられたと、いま改めて思うことです。

桃さん桃さん

倉敷在住の道友、難波確夫先生が、地元中学校の校長に就任せられたようです。この朗報も毎月お送りいただく「倉敷読書会々報」によって、はじめて知りました。そもそも、倉敷へは、森先生は、足しげく通われて地元同志の指導をかさねられたようです。それは、倉敷には、かつては、小野正典《しょうすけ》という真摯な森先生の信奉者がおられたおかげで、退職後は、森信三先生を近隣のＰＴＡ講演会にお招きし、夜は、自宅で読書会を開きご指導を仰がれました。

そして今は、大熊喜幸先生は、倉敷読書会をひきつづき続行下さっているわけです。前置きは、長すぎましたが、難波確夫ご夫妻は、共に教職の人であり、かつ果樹園をもっておられ、毎年森先生に、大好物の桃を送り届けられたようです。

すでにご承知の通り、先生は最晩年にあってもはがきをもって、一筆のお礼状を出さずにはおられない方でした。八十六歳で、半身マヒの身となられてのちも、一日三枚のはがき書きに努められる先生でした。そして、宛名書きは、家政婦さんにお願いするとしても、たとえば「マヒの右手もて九十二歳　不尽」と必ず書きそえて送信せられました。

森信三先生最後の絶筆とおぼしきおはがきは、難波夫妻あての、

「桃さん　桃さん

　ありがとうよ

　　マヒの右手もて　九十五歳　不尽」

ではなかったかと、思われます。この一語に、贈り主への感謝はもとより、桃そのものに対する万感の思いがこめられていると思われます。

門前から奥座敷へ

「小林秀雄さんの〝ドストエフスキーの生活〟を読んだわたくしの感想は、バスに乗ってドストエフスキー家の門前に停車はしたが、そのまま中には入らずに素通りしたに過ぎぬ感がしました。次にジイドのドストエフスキーを読みましたが、この方はたしかに玄関までは入ったという感がしたですね。しかしドストエフスキーについては、やはりペルジャエフですね。この人のは奥座敷まで通されたという感がしましたが、それは結局スラブの血の共感によるものでしょう――」

この三人三様の「ドストエフスキー」の理解洞察度の違いを、門前・玄関・奥座敷の譬《たと》えをもって分りやすく表現されたことは、たいへん興味深く、忘れえない印象ですが、三人三様の著作は、一冊も読んでいません。

またある時、「あなたは一バン最短距離で、わたくしの元へ来ましたね。それはナゼかと言えば、なまじっか哲学を大学でかじってないからですよ。大学で西洋哲学を学び、キリスト教を学び、西田哲学を学ぶ学究の人を知っていますが、未だにわたくしの家の周辺をグルグル回って、家の中をうかがっているばかりですよ」と仰言られました。言われてみれば学なく才なく能なく徳なく力なき者も、またよからずやと思いました。これも知愚一如の証しでしょうか。

またある時、「あなたとの縁は、露口さんによってつくられたが、それだけでなく、思えば宿世の因縁だね」と、しみじみ仰言って頂いたときは、さすがの私も、感涙をもよおす思いでした。

その後いくたびとなく、「宿世の因縁」または「前生の因縁」のコトバを、噛みしめるのでした。

生誕百年記念大会

森信三先生の「生誕百年記念大会」が、平成八年八月九日より二泊三日にわたり、先生の郷里、愛知県は半田市にて開催されました。

まことに今思い出しても、半田市教育委員会の水も洩らさぬ企画運営と協力体制には、驚きと感謝のほかございません。大会会長の竹内弘市長さま、そして当時の教育長間瀬泰男先生の力強い一体感は、まことに頼もしい限りでした。その初日に「基調講演」を拝命したのは、はじめての重責で、畏れ多いことでした。ひとり前日より半田に宿泊し、常福院にある森信三先生の墓標「全一院玄空不尽信士」に額《ぬか》づき「護りたまえ」とお祈りしました。そして第一日の翌朝も会場から往復徒歩し、再び「責任を果させたまえ」と合掌しました。

正面舞台に飾られた先生の肖像写真を背に、演台に立ちました。生前愛用された、負い籠を背にして登場しました。演台の周りを背負ったまま一周しました。その時の写真が残されていますが、何と背の曲った姿勢は、あまりにも貧弱な姿勢でした。心親しい参加者の一人から言われました。日頃から直接伝授の「立腰」で歩いてほしかったと。

「基調講演」の内容については、いまその「大会報告書」を、十年経過して改めて眼を通しましたが、日頃訴えたい、森信三先生の歴史的評価と立体像の要所は、ある程度お伝えできているように思いますが、自己採点の甘さでありましょうか。

来る平成十七年八月二十、二十一日に、「実践人の家」創立三十年大会が開かれますが、戦後六十年、生誕百十年のこの年、緊褌一番、「心願を内に」いよいよ尽力したいと覚悟を新たにするものがあります。

一語千鈞

いまわたくしは、古ぼけた小冊を手にしています。森信三先生講述、福田与編『師のコトバ』と題するものです。昭和二十八年十二月丹後竹田の法楽寺にて行われた冬季研修会の記録です。丹波竹田といえば、芦田恵之助先生終焉の地です。また編者の福田与姉は、森先生の愛弟子で十万人にひとりの女傑です。その方の筆録によるもので、いま改めて読んで感動に心躍る思いがします。よってここに抄録いたします。

○㈠師につくこと、㈡読書、㈢逆境、これら三本の綱のあざない合わさった処に、その人の現在がある。まがうことなく、あざむくことなし。

○仕事を処理する秘訣は、さっそく、その場で片づけること。さらには、厳密には、即刻着手するの一手あるのみ。

○教育者は百パーセント、ハガキの活用者でなくてはならぬ。人間も、五分間に三枚のハガキが書けたら、大したものである。
○世に「畏友」というものほど有難く、かつ辱《かたじけな》いものはない。たとえ、その数は少くとも、今生での幸慶というに値する。
○学者の在り方が、明治以後はスッカリ違って来た。徳川時代の学者で、実践を重んじなかった人は絶無に近かった。これが私が現在でも学者の態度としては、すべて徳川時代の学者に範を仰いでいるゆえんである。
○小学の五、六年生は「立志」のタネ蒔きをする最適の時期である。そして、それには、偉人の伝記を読ますにしくものはない。随って親は、わが子の誕生日の祝には、何よりも偉人の伝記を買い与えるがよい。
――これだけの「抄録」だけでも、「一語千鈞」の重みをもつ珠玉篇であります。

- 人はすべからく「真志正望」を抱かねばならぬ
- 偉大な実践家は、大いなる読書家である
- 「志」は師によって立つ
- 学問とは、現実の生きた道理を明らかにすること
- 逆境こそは神の恩寵的試練なり

六　人間透察

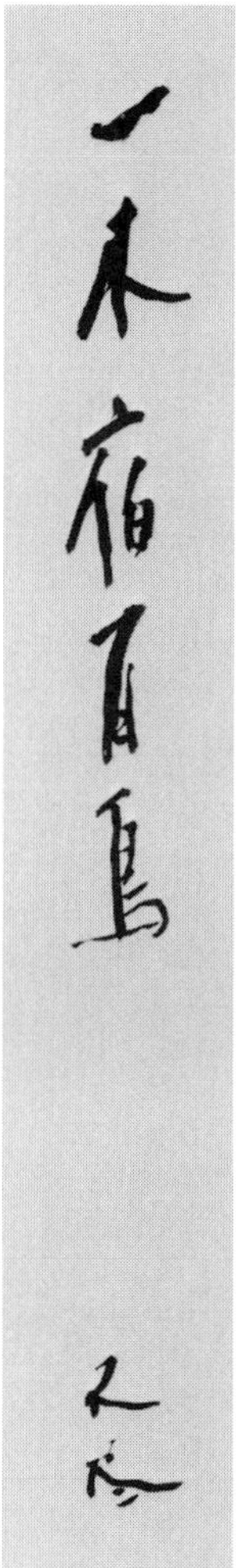

人間透察

森先生の机上の筆立てには必ず筆記道具と共に、鋏《はさみ》が立てられています。しかもそれは、ドイツ製のゾウリンゲン社のものです。

先生は、送られてきた封書は必ず鋏で封を切られました。メッタに封書の口を手でちぎったりせられませんでした。これは全く例外のないことで、旅先でも、折タタミ式の小鋏を持ち出されて、封を切られる次第で、その徹底ぶりに驚きました。

話が変りますが、いま一人、尊敬する鍵山秀三郎先生とはじめて出会いまして、喫茶でコーヒーを頂きました際、手ふきのビニール袋も、ミルクの殻《カラ》も、砂糖の袋も、鍵山先生の手元からいつの間から消えているのに驚きました。お尋ねするといつの間にかポケットに入れておられるようです。この徹底ぶりにも驚きました。

森先生から人間透察について承ったことがあります。われわれ人間が人間を知るにあたっては、まず㈠その人の言行が、どの程度一致しているか否か、次には㈡その人の言うことと行うことの間に、どれほどの一貫性があるかどうか。さらに㈢その人の日常生活における一見瑣末とも見える行動の中に、かえってその人の全一人格の片鱗のうかがえる場合も少なくないと思うのです——と。

そうした観点に立って見れば、森先生の常時はさみ使用の一貫性といい、鍵山先生の即刻ゴミの処理といい、なるほどと納得せしめられ、大いに教えられたことでした。これらは、私にも比較的マネの出来やすい事柄ですから、その時以来、真似事をさせて頂いている次第です。

月知梅

熊本県は八代に、超風破格の教育者と注目せられる徳永康起という先生がおられました。この先生こそは肥後もっこすの代表的人物で、内に深い至剛を抱きつつ、心細やかな気くばりのお方でした。また森先生の至上命令により、複写ハガキを続けられ、二万三千通の複写ハガキの名品を遺されたお方です。

また教育者として名語録の数々をのこされた森門下三傑のお一人です。

★教え子みなわが師なり

★アイサツ一つに命をかける位でなければ
教育の底は浅い

★生命の呼応なくしてなんぞ教育あらんや

★ハガキ一枚に、いのちの全霊をこめて

★眼《まなこ》を閉じてトッサに親の祈り心を察する者

これ天下第一等の人材なり

この徳永先生が、熊本県下の松橋の銘菓「月知梅」や「よくいにんにん糖」をおみやげに持参し、味覚の絶品として森先生にしばしばお喜びいただかれました。次のすばらしい名歌からお察し頂けましょう。

●蓋とればここだの小梅現わるる如くも見ゆるこれの菓子はも

●わが舌に融《と》けて残りし仄《ほの》かなる酸味けだしく世の常ならぬ

●「月知梅」とは誰《た》が名づけけむ銘菓てふ名にし背かぬ奇しきこの味

かつて徳永先生来るの報せに道友が集り、そのおみやげの名品を、心なく口にするので森先生からお叱りをうけました。「あなたたちはムシャシャ口にするものではないと」と。

『端山忠左衛門翁伝記』

先生の先天的素質を語るについて、祖父の端山忠左衛翁の存在を見逃すわけには参りません。平成七年に、翁の『伝記』を編集刊行しましたのもそれ故であります。その契機となったのは、先生の没後、整理の引き出しより、日比さい様のノート「思い出の記」を発見し拝読に及び、これはぜひ保存すべきだと思ったからです。日比さい様は忠左衛門翁の息女であり、先生の叔母にあたるお方です。なかなかの賢婦人であり、尊父忠左衛門の人柄を知るには欠かせぬ貴重資料です。

翁はなかなかに義に厚く、篤実公正なお方で、選挙運動は一切しないで、推されて県会議員となり、群長となり、新城に在職五年。そして第一回衆議院選挙となり立候補し当選。一年余にして議会解散。持病のため立候補を断念。一切の家屋財産を相続人に譲り、自ら山小屋に隠遁《いんとん》、農業に従事。再び県会議員に出馬当選。その後しばしば県会議長に選ばれ、前後在職三十余年にわたる。その間、教育に深く意を用い、地方産業につくし、森林・染色・紡績・水産・窯業・醸造の経営発展に尽力、あらゆる難問の調停解決にもあたられる。とりわけ濃尾地震による犬山城の保存復興につくせし功績は顕著にして、数々の特賜叙勲をたまわる。七十一歳で罹病。死に臨み、皇運の隆盛を祝し、万歳三唱し逝去。死後「頌徳碑」が阿久比の丘に建立され、今に保存されています。

翁のご一生は大体かくの如くで、その肖像写真を拝しますと、全く森先生はそっくりそのままで、やはり血は争えぬと思います。

不尽の高嶺

先生は七十歳の古稀を迎えてから、「不尽」という雅号を書毫に記されるようになりました。ある時、不尽とはどういう意味ですかと、お尋ねしますと、「エンドレスです。終りがないということです」と答えられました。「不尽探求」の意かと勝手な解釈をしておりました。

ところが先生逝かれて五年たったころ、万葉集を繙いた時、山部赤人の作として、「田子の浦ゆ打ち出でて見れば白妙の不盡《ふじ》の高嶺に雪は降りつつ」とあるではありませんか。不盡は不尽の古語です。不尽は不二でもあります。すなわち、古今の秀嶺、日本のシンボル、富士の霊峯を意味するのではないかと、思うようになりました。

かつて、詩人の坂村真民先生は「森先生の人と思想」を一語で評し、「高

さも高いが、裾野が広い」と仰言られました。そうなれば、全く不尽の霊峰を思わざるを得ません。それ以来不尽とは、不二の高嶺を意味すると信ずるようになりました。全く、先生の人と思想を思えば、高さも高く、深さも深いが、裾野の広さにおいて、人後におちぬものを含蓄しています。

というのも、学識・経験の高大な知識層に道を説くことができるのみならず、小学生、中学生はもとより、三歳の幼児にいたるまで、人間の道を説くことができるからです。先生はつねに、学問と啓蒙の二面をもたれつつ、著述においても一代の足跡を遺されました。

「仰げば彌々《いよいよ》高く、鑽《き》ればいよいよ堅し」と『論語』にもありますが、先生の片言隻語は、それぞれの人生体験に応じて、いよいよ滋味ふかく、寂光をおびてくるのを感ずる昨今です。

しだれ桂

平成十六年の四月に㈱イエローハットの相談役の鍵山秀三郎先生に随行して、比叡山延暦寺の根本中堂を訪ねました。それは、回峯行者の酒井雄哉師と、鍵山先生との対談のコーディネイターをつとめるために坂本の長寿院を訪ねるまでに、少し時間の余裕があって、根本中堂の参拝と相成りました。

そのあと、根本中堂の近くに建立されておる、堂々たる宮澤賢治の歌碑に詣でました。

妙法如来とは、ご本尊の薬師如来さまです。正偏知とは、正しき普遍的宇宙的真理を意味します。賢治がはじめて父と共に、比叡山根本中堂に参拝した時の感動を述べられた信仰の結晶であり、賢治自身の熱き祈りの開示であります。

ところで、その碑前に、昭和四十年八月比叡山研修会のあと森信三先生が「しだれ桂」の苗木を植樹せられたのですが、その珍木のしだれ桂が、高さ十メートルほどに成長し、珍しい垂《しだ》れの枝の葉っぱと共に、手をあわせたような白い花弁を咲かせておりました。

願はくば
妙法如来
正徧知
大師のみ旨
成らしめたまへ
賢　治

森先生は、『わが尊敬する人びと』の中で宮澤賢治をたたえ、そして曰くには、「われらの民族の生んだ稀有《けう》の貴種《きしゅ》というほかない」と。賢治は、明治二十九年八月二十七日の生れ、森先生は、同年九月二十三日の誕生。心清しき賢治とほぼ生誕を同じくするのでした。

●賢治の碑《ひ》前に枝垂桂《しだれかつら》を植えましと
希《ねが》ひしこともつひに遂《と》げえたり

さんしゅゆの花

森先生は、一年四季の内で、一番早春の候をもっとも好まれました。そして花好きの先生は、早春の花を好まれました。早春の花として、中でも、さんしゅゆの花が、最もお好きだったようです。

早春の花として連翹《れんぎょう》あり黄梅ありで、それぞれお好きなようでしたが、何といっても、さんしゅゆを第一にあげられました。それは何ゆえでしょうか。それは小粒で何といっても気品があるからでしょう。

先生は大柄の花をどちらかと言えば好まぬようで、むしろ小粒ながらひそけくも凜たる風情《ふぜい》のあるものを好まれたようです。

それに反して、詩人の坂村真民先生は、こよなく〝朴《ほお》〟の花を好まれ、その植樹をお奨め下さったので、わが家の狭い庭の一角に植え付けてもらったのですが、遂に育ちませんでした。二度目も庭師にお願いしましたが、これまた失敗に終りました。わが家の土壌や日当りがあわないのかと、あきらめざるを得ませんでした。そこで、その代わりに、さんしゅゆの木を植えてもらったところ、早春三月、小米のような小さな花が、あそこに一固まり、ここに一固まりと、黄色のつぶつぶの花とも見えぬほどの花が、天空に伸びた枝々に、小粒の固まりの花が、あちこちついているではありませんか。

その頃は、枝には葉は一枚もなく、すべすべと光すら持つ樹皮の枝に花の固まりが、ついているという感じのものです。

このように先生の大好きなさんしゅゆの樹を植え付け、その花をわが家において鑑賞でき、先生の好まれる理由の幾分かとも、体感できるとは、まことにささやかな幸せと実感しているところです。

「夢二」礼讃

先生は、大正ロマンの象徴とも言える天才画家竹下夢二の絵をたいへん好まれました。どうしてそんなに好まれるのか不思議に思い、竹久夢二の画集をもとめ、また一代記を読んだりしましたが、いま一つ先生の趣味趣向の一部すら思い及ばぬ状態でした。

そこで実物に接する他なしと思い、岡山後楽園近くの竹久夢二記念館に立寄り参観しましたところ、ナルホドとはじめて感動。これはさすがに天才にしてはじめてなし得る天与の技であることを、私ながらに確認できうれしく思いました。夢二の描く空間の美しさは、森先生の書の空間美に通ずるもので、夢二礼讃のその一端に触れることができました。

ところである時フト洩らされたことがあります。「わたくしが夢二に描く女性像を好むのは、およそわたくしの実母とは全く正反対の女性像であるからです。わたくしの実母は、二十代つづいた大地主の娘ですから、手堅い生き方の典型的な女性でした」と。この言葉通りで、確かに夢二礼讃の理由の一つでありましょうが、根本は、夢二の絵の天才的美しさに魅了せられたのでありましょう。

いま一つ、先生は、フランスの天才画家モディリアーニの画をたいへん好まれ、先年、京都近代美術館での一ヶ月にわたる開催中に、三度も、先生に随伴して、モディリアーニ展を観に行った記憶があります。そしてこの三度目に入館した際、一枚の五十号ほどの女性像の画に立ちつくし、この一枚を今一度見たいがために、こうして三度目、執筆中のさなか、やって来たのですと洩らされました。まさにすさまじい感性でただならぬものを感じました。

石の鑑賞

〝私の死後、この実践人の家を訪ねて、「森とは一体どんな人間だったか」と尋ねるひとがあったら、「西洋哲学を学んだがもうひとつピッタリせず、ついに全一学に到達して初めて安定したが、それ以外には唯石が好きだった」と仰言って下さい〟と、『一日一語』の十二月三十日付の語録に記載されています。

石に関する書物で唯一冊推奨せられたのは、久米正雄著『石の鑑賞』で、探し求めてもなかなか得られず、古書目録でやっと入手できました。

その書に、「石を愛する本道は、奇石よりも美石よりも巨石よりも、何処にでもありそうな凡庸の石に沈潜し、その性に取り組むところに始まり、而してそれに帰結しなければならぬ」とあります。

野の思想家といわれる宮崎童安氏も、たいへん石を愛し、一隻眼をもつお方であってようです。また「あけび」の歌人、岡本大無氏もまた非常な愛石家で、左の歌よりその大愚ぶりがお察しできましょう。

○石ころを玉にもまして愛すとふ大無すなわち大愚ならずや
○旅ゆくも石ころ一つ手ばさなぬ詩客童安かれも愚の人
○あたたかき人肌よりもむしろ吾れのつめたき石の感触を愛す

また、足尾銅山の公害問題に、議員を返上し、直訴してまで闘った、義人田中正造を原日本人像として称《たた》えたのは、森信三先生で、『田中正造全集』発刊にいたる隠れた功労者であります。

ところで、その田中正造の臨終の頭陀《ずだ》袋に入っておったのは、『聖書』と『憲法』と日誌そして小石三個とのことで、田中正造もまた、石ころの声なき声を愛する人だったようです。

『人々光々』

平成十五年九月　岸和田の海岸に面する「浪切ホール」にて、岸城読書会二百回記念大会が開かれました。わが地元の岸城読書会は、ひたすら一貫して、森信三先生の歴史的名著の『修身教授録』を輪読し、今日にいたっております。

その大会に先立って、ほぼ全国にわたる『修身教授録』の愛読者に、その内より最も感銘する一語を掲げていただき、所感の一文を寄せてもらいました。

なぜかくも『修身教授録』が人の心をとらえて離さない魅力を蔵しているのでしょうか。因みに、岸城読書会が、いま二百二十四回を重ねつつありますが、このように継続できたのは、輪読会のテキストとして選んだ唯一最上の名著によるところ、大なりと言わざるを得ません。

さてその『修身教授録』の魅力についてですが、その第一は、此の当時の師範学校の一部生（十五歳前後）に、**本気**になってとり組むその一語一語の真剣さと説得力の勁《つよ》さによるものでしょう。その第二として、**根気**をあげたいと思います。観念的な倫理一辺倒に堕することなく、きわめて具体的な事例から入りつつ、その第一義の本質を抱えてやまない根元力の魅力がありま す。第三として、**温気**であります。生徒諸君の将来への展望に立ち、慈愛温情の念が、随所随所に感ぜられるからです。

さて話が変わりますが、記念大会の講師としてお迎えしたのは、日頃から尊敬してやまないお掃除菩薩の鍵山秀三郎先生と、日本の聖医とも言うべき甲田光雄先生です。わたくしは、森信三先生と鍵山先生、そして甲田先生のご三方の実践哲学によれば、日本の前途は明るいと信じております。

佳書百選

学校教育に関する数多い先生の著述のなかで、今なお愛読されているのは、『理想の小学校教師像』に、『学校づくりの夢』ですが、そのなかで特にわたくしの関心事は、各講義のはじめに、掲げておられる佳書紹介です。先生自身も仰せのように、これが、別の意味でかくれた本命で、先生の感性と眼力で選びぬかれたものばかりです。

この両著における紹介を一覧表にまとめた方が、松山の今は亡き丹生谷《にゅうのや》勉氏で、この方は、森先生の原稿浄書に尽くされた稀に見る奇特な方で、『全集』『続全集』の原稿の八割五分を浄書なされました。

いまこの「佳書百選」ともいえるそれぞれの一覧表を見ますと、先生の思想体系の背景が一望に見渡される感すらいたします。しかも専門に偏せず多岐にわたり、まさに全一的人間研究の舞台裏をみる思いです。
その二百冊に及ぶ「推薦《すいせん》図書」の中で、勝手なわたくしの選択ですが、

○「学校教師論」三浦修吾
○「マハトマ・ガンディー」ネール
○「地人論」内村鑑三
○「二宮翁夜話」福住正兄
○「蝸牛庵訪問記」小泉勇
○「正法眼蔵隋聞記」
○「みそっかす」幸田文
○「幸福論」カール・ヒルティ
○「回想の芦田恵之助」

○「石田先生事蹟」
○「それからの武蔵」小山勝清
○「茶味」奥田正造
○「道歌集」黒住宗忠
○「倫理哲学講話」西晋一郎
○「清風録」「続清風録」
○「静坐の道」小林信子
○「荷風日記」永井荷風
○「言志四録」佐藤一斎

沼島の友

●孤島沼島にひと世の「生」を終へぬべき運命《さだめ》を負うて君の生きます
●君が孤高を知る人稀れなる村人の中にしありて日々を明け暮れ
●これの世に佛種といはむ斯の人にこころ引かれて訪ふことあまた

この三首は、淡路の南方八キロにある沼島在住の中川性円氏に捧げる先生の歌です。中川性円氏は真言僧にして仏種であります。その性円氏には上記の一句があり、先生をしばしば筆にし道縁の士に書き与えられました。

これの世に
何を留めむ
こぼれ萩

中川性円氏の一句

先生は、いとけなきもの、幽《かす》けきものを好まれました。花で言えば、大輪の花よりも、むしろ小さな花群を愛されました。早春の花としてさんしゅゆ・黄梅・

連翹《れんぎょう》などですが、また冬に先立つ花として山茶花《さざんか》・八つ手の花・茶の花・枇杷の花などがあげられています。ところで、先生推奨のこの「こぼれ萩」の一句は、わたくしとってても忘れがたいもので、わたくしの人生もかくありたいものと願っています。

さて先生は、沼島に限らず、知多半島の突端より海上数キロの篠島との印象がふかく、そこを訪うこと幾十回に及んでおられるが、わたくしに一度、篠島にわたりあの「土用波」の雄大さに眼にするようすすめられたが、まだ果たさずにおります。その他、瀬戸内海においては、生口島《いくちじま》や大三島《おおみしま》に道友がおられ、しばしば往訪しておられます。その島々のもつ長所短所についてよく認める所になり、後日、「島国日本の宿命」についても考究されるきっかけともなっています。

風狂の人

よくお訪ねしては、先生のお話に耳を傾けました。その内容が多岐にわたり興趣尽きないものがあり、これが『坐談抄』の記録となっております。

ある時のこと、「最近『われらが風狂の師』（上・下）の青山光二著が出ましたが、これは華厳経を独訳した土井虎加寿君を主人公にした一種の小説風の伝記ともいえましょう。ここ数日間このために土井旋風にやられましたよ。私が生きいる限りといっても、もうあと数年でしょうが、これほど興味をそそられる小説にはもう出会わないでしょう。というのも土井君は京大の哲学科の同期生で、わたくしが首席で君が次席、そして選科の首席が田中美知太郎君でしたが、土井君とわたくしがアカデミズムの軌道から正反対の方向に転落して了《しま》いましてね。わたくし自身にも一脈の狂気がないわけではないですから、いわば裏がえした自画像をよむ思いで読みましたよ。」と、私の訪れを待ち構えておられたような話しぶりでした。

奇行続出の悲劇の哲学者、詩人的感性をもつ天才的哲学者をして、この書の中で、「まだ日本には哲学はないんだ」と幾たびとなくしゃべらせていますす。この主人公も、京都学派に決然と背を向けた一人でした。

そしていま一人、京都学派に消極的にしろ、抵抗姿勢を示しつつ袂を分かったのは、森先生でした。そのキッカケとなったのは、『二宮尊徳翁夜話』の巻頭の一語でしたが、今一つは名利をこえたひと隠者への憧憬がつねに、先生のバックボーンにあったからではなかったでしょうか。広島高師二年生のとき新井奥邃なる人の鮮烈な語録に接し、「日本に真に幽邃の隠者あり」と心打たれて以来、憧憬をもちつづけたゆえでありましょうか。

読書のすすめ

「書物の選択さえあやまらなかったら、読書なんて、楽なものです。いま一バン読みたい本を一冊求めて、読みだすんですからね。ですから読書法の根本の第一義は、書物の選択を誤らぬということですよ」とお聴きしたことがあります。一代かけて寸暇を惜しみ、読書に打ち込まれた、「読書」の達人の言ですからマチガイございません。

しかし思えば、その「選択眼」を身につけることが、これまた多年の修練を要することは申すまでもありません。ただ言えることは、ベストセラーに惑わされず、書評に迷わず、自分の眼で自分の舌で味わって確めることでありましょう。その点、読書においても、よきリーダーに恵まれることが何より大事で、スポーツに限らず芸事すべてに言えることです。

さてここで「読書」に関する語録をまとめて見ましょう。
○書物は人間の心の養分であり、かつ実践への最深の原動力です。
○「一日不読　一食不喰」という覚悟をもって読書に打ち込むのです。
○「書物の選択を誤らぬ」ということが、読書法の根本第一義。
○松陰先生も「士規七則」において読書尚友を強調しておられる。
○「**一度に一冊以上の書物を買わない**」**という原則を守るように**。
○一冊の書物を購めたら、家に帰るまでに、少なくとも二、三十頁を電車の中で読みかけることです。
○優れた「伝記」は、一切の書籍のうち最も基盤的意味をもつものです。
なんと慈言にみちた読書語録ではないかと思いますがいかがでしょうか。
何ごとにも、老婆親切にみちた手引き導きを感じるのであります。

『美の法門』

これは、民芸運動の創始者、柳宗悦氏の名著の一つです。先生は柳宗悦氏をたいへん評価され、その最大功績をたたえられました。本書は、その内の宗教論集ともいえるもので、美醜・優劣・巧拙を超えてこそ、相対感を脱することができるとされました。

「大無量寿経」の一節に「有好醜者　不取正覚」とありますが、仏教美学の悲願がこのコトバにこめられているとのこと。すなわち好醜とは美醜のことで、美醜にとらわれている間は、真の美の浄土にいたり得ないということです。この相対境から絶対境への転換を見事に把えているのがこの書であります。柳宗悦氏は、この絶対境を見事な一句に結晶させております。「吉野山　コロビテモ亦　花ノ中」とあります。これは美の法門であるばかりでなく、宗教的信の世界であります。

かって、森先生のお伴をして京都五条坂の河井寛次郎記念館を訪れたことがあります。その時、仰言られました。河井さんは、柳宗悦さんと同格のように思ってますが、柳さんによって引きあげてもらったお方です。この記念館で見るべきものはこの陶硯ですよね――と。

この一語に、どれだけ柳宗悦さんの一大見識を見抜いておられるか、窺い知ることが出来ます。森先生は、自らを、詩や工芸のデモ鑑賞家と仰言っておられますが、その眼力たるや、宗悦さんとまさに同格ではないかと思います。

「美は瞬間的解脱である」とは先生の一語です。また先生の墨蹟に、「**守拙**」という一語を見出した時の歓びはまた格別なものがあったのをいま思い出しています。とにかく森先生は『美の法門』に心酔するお方です。

「城山だより」

むかし　むかし

むかし　むかし
師を同じくする
一人の呉服屋さんと
百姓がいました
二人は
めぐまれた境遇では
ありませんでしたが

上記の詩は、坂田道信さんが、かって〝城山だより〟に記されたもので、私にとっても忘れえぬものですが、とりわけ、それを読まれた森先生の感動はひとしおなものがありました。

先生のご返信を左記に記載いたします

○

「城山だより」拝受　そして今朝
「むかしむかし」を読みました時
私は　思わず　嗚咽慟哭《おえつどうこく》を禁じ

師をしたい
はげましあい
心ゆたかに
生き抜いたそうです

得ませんでした
唯今　夜八時に再拝読いたしました
したが　ヤハリ滂沱《ぼうだ》たる落涙を
禁じ得ないでいる次第です
森　信三

先生のこのご芳信の日付は　昭和五十二年十二月十八日になっており、おん齢八十二歳のころです。門下の方々のほとんどが教職者が多いその中、教職以外の道縁の士は、百姓の坂田さんと、呉服商のわたくしの二人を数えるほどでした。そして坂田さんは今では、はがき道のリーダーとして大成されております。

常滑《とこなめ》の壺

千里ニュータウンの南千里に居を構えられたのは、昭和三十八年十二月のことで、ご長男さんの事業がかなり順調よく運ばれたせいもありましたが、十年にして転居のやむなきにいたり、一時、わたくし方の空き家に、先生お一人お住まい頂くことになりました。その荷物運びのお手伝に、わたくしが軽トラックで往復をくりかえすことでした。転宅についていちばん厄介なのは、厖大《ぼうだい》な蔵書の運搬であることを痛感しました。

しっかと十文字に括っておっても、なかには紐のゆるみから、くずれ落ちる始末でした。いくたびか運び終えて、お宅の軒下に雨ざらしになっている一個の壺が眼につきました。やや泥まみれですが、何となく心ひかれ、手にすると、先生は、気に入ったらお持帰り下さいとのことで遠慮なく頂くことにしました。持ち帰りキレイに拭きあげると、なかなか、形といい、色つやといい、素朴で味のある名品なのです。

その後、先生の生誕百年記念大会が、ご郷里の半田で開かれるにつき、準備打ち合わせのため再々、半田を訪うにつけ、美術商「天然堂」のウインドが眼にとまり、頂いた壺が、常滑の油壺であることが確認できました。

かつて先生からお聞きしました。備前焼は新幹線が通じるようになり値段のみ高くなり質がおちましたが、常滑にはまだ名品が比較的廉価に入手できますと。

因みに常滑出身の哲学者として、谷川徹三先生がおられますし、そのご令息は、詩人の谷川俊太郎氏で、美的感性は、常滑の古美術で培われたとも申せましょう。

「とろろ汁」会

先生は幼き頃から何より「とろろ汁」を温かい麦飯にぶっかけての食事をたいへん好まれたようです。先年ふる里の岩滑《やなべ》の古老をお訪ねした際、お聴きしたことがあります。「信三《のぶぞう》さんは大変とろろ汁が好きでして、何杯もお代りしましたよ。そりゃすでに神童といわれていましたよ」――。

七十七歳の時、ご長男さんの急逝を機に、尼崎の今北地区に転居。立ち退き寸前の廃屋に単身入居、独居自炊の生活に入られました。一見お気の毒とも見られる生活でした。その陋屋《ろうおく》にて、地元の有志が集り「とろろ汁」会が催されました。とろろ汁のすり鉢を、先生みずからすりこ木を扱う手際よさは、さすがにお見事でした。

ある日ある時、元兵庫県知事の阪本勝先生をお迎えし、その六帖一間に、有志一同車座になって、とろろ汁会が催されました。その際、阪本先生の曰くには、「森先生は、全く今北聖人とおよびするお方ですね。わたくしは多年心の師を求めて来ましたが、森先生こそわたくしの師とすべきお方と思います」と。その時、森先生は間髪を入れず、ニコヤカに「たいへんありがたい仰せですが、わたくしの今北せいじんは、棲《す》むの字の棲人《せいじん》ですから、おまちがいなく」と、即座に応答せられたのは、さすがでした。

後日、森先生はひそかに仰言られました。「かの阪本先生から頂いたあのお言葉は、文化勲章を二つもらったよりも、わたくしにとって嬉しいですよ」と。因みに阪本勝先生は、文人知事として著名なお方で、文筆家としても変幻自在に筆を駆使せられた作品や随想録は、今なお『阪本勝選集』として、保存されています。

● 神は至公至平にして長い眼でみれば福徳一致なり

● 物事はすべてこれ一長一短と知るべし

●「幻」は真理の具体的顕現とやいわむ

● 発願・心願・誓願の順に深まる

● 未だ名利の一関を越えずんば、真の明眼洞察の境には到り難い

七、「心願」を内に

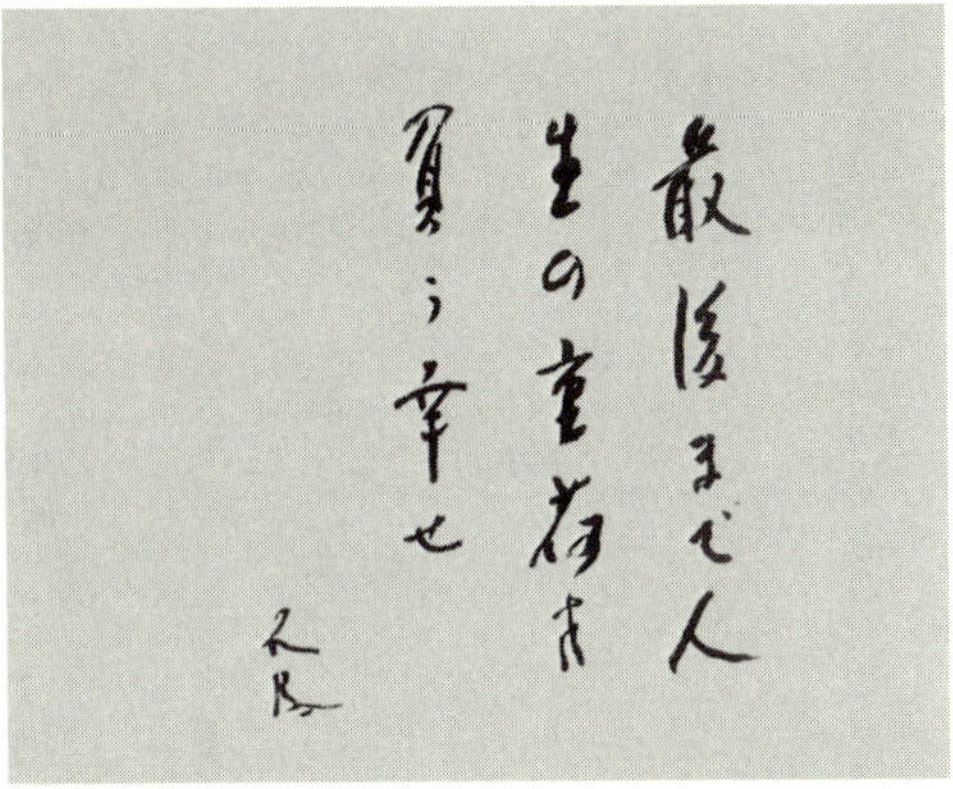

「心願」を内に

最近のことですが、わたくしの小著にサインを求められると、殆《ほと》んど決って、「心願」を内に――と書くことにしています。そもそも「心願」とは何かについて、先生は、詳しく次のように述べておられます。

(一)「心願」とは、人が内奥ふかく秘められている「願い」であり、如何なる方向にむかってこの自己を捧げるべきか――と思い悩んだあげくのはて、ついに自己の献身の方向をつかんだ人の心的状態といってよい。

(二)われわれ人間は「生」をこの世にうけた以上、それぞれ分に応じて一つの「心願」を抱き、最後のひと呼吸《いき》までそれを貫きたいものです。

(また、時に応じて、次のごとくに語っておられます)

(三)「心願」をもって貫かねば、いかに才能ありともその人の「一生」は真の結晶には到らぬ。

この三つのコトバを、くりかえし反芻《はんすう》するたび、わたくしは威儀を正し粛然たるを覚えるのです。要するに、「心願」の内容は、布施であり、奉仕であり、献身であることに間違いございません。あくまで人間にとって悟りや救済や自証が、最終目標ではありません。人間は、悟後の修行、悟後の行実が大事ではないでしょうか。『一日一語』に

○往相はやがて還相に転ぜねばならぬ。そして還相の極は施であり、奉仕である——と記されています。慎しまざるべけんやです。

いよいよわたくしも「心願」「誓願」を内に、覚悟新たな一歩を踏み出さねばなるまいです。

「献身」の一歩を

先生の『宗教的世界』にも、また最晩年の著述の『創造の形而上学』にも、「いのちの自証」というコトバがよく登場してきますが、いま一つ、わたくしにはしっくりしないのでした。いのちの把握ならわかります。いのちの体認ならわかりますが、あえて「いのちの自証」と言われるところが、やはり、哲学者なのでしょうね。そこでご本を繙くと、

「〃いのちの自証〃というのは、わが身に授かったこのい、の、ち、の中にこめられているものを承受して、その無限の味わいを心ゆくまでよく噛みしめ味わうことの謂《い》いに他ならぬ」とあります。

これだけ叮嚀に事細やかに説明をいただくとわかります。要するに救いとか悟りに近いものと思われますが、また少しニュアンスが異なるわけであり

ます。そこで次のコトバに注目敬聴したいと思います。「我われ常凡の徒は、余りに救いとか悟りなどという観念にのみ執せず、むしろ翻身一転献身の一歩を踏み出すべきかと思われるのである」つづいて「現実界への自己の全的投擲《とうてき》ともいうべき献身が為されなかったとしたら、自証すらまだ一種の観念的空転に陥るべきことを知らねばなるまい」とあります。

また『創造の形而上学』の最後の章に、「いのちの自証とは、いのちへの点火であり、その発光というべきであろう」とあります。また表現をかえて**「いのちの自照とは、我われ人間のいのちに賦与せられた真実心という他ないであろう**」とも示されております。ここまで来て、やっと先生の真意がわかりかけたような気がいたします。

敗戦革命

第一の開国としての明治維新については、だれしも認めるところですが、昭和二十年八月の敗戦については、第二の開国とまで判断せられました。また、明治維新に対して、「敗戦革命」なるコトバを用い、歴史上の一大変革期として、認識を深められました。そしてその対比において前者が、主体的革命なるに対し、後者すなわち敗戦革命は、今自敗戦にともなう諸変革は、戦勝国によるもので、非主体的変革であったと認めざるを得ません。

そこで、われわれはここに思いをとどめ、戦後にうけたもろもろの重大変革に対して、改めてこれを「主体的」に判断し取り組み直さねばならぬ。

――と先生は仰せです。

敗戦革命のうち最も顕著なのは、新憲法の発布であり、教育基本法のとりきめでありますが、戦後六十年を経過した現在、その見直しがすすめられているのは、周知の通りであります。また、諸変革のうち、最も意識の変革となったコトバは、民主主義であり、男女同権であります。それには異論はないわけですが、自由と平等の内に、主体的な責任と義務がともなうことが大事であり、男女同権の中に男女両性の役割の重大な分担の自覚が、喪失せられないように、今や見直されるべき時期がきていると、警告を重ねられました。

そして戦後幸いにも、日本人の勤勉性と順応性が功を奏し、技術革新をかさね経済大国の仲間入りを果し、文明の利器による日常的恩恵にも浴しましたが、これが、精神の弛緩《しかん》を来たしたことは、何より明らかで、この点「**物盛んなれば心衰う**」の実証をあらゆる面で実感する現状であります。

日本民族の使命

「テレビジョンがあって、ヴィジョンがない」というシャレを聞いたことがあります。人間の活性化、エネルギーの根源は、ヴィジョンをもっているか、否かの如何にかかっています。ヴィジョンとは、理想像・未来像・使命像を指すのでしょう。

ところで、日本民族の活力がいま一つ感ぜられないのは、何ゆえでしょうか。世界平和に貢献では、今一つ、耳なれて、パンチに欠ける思いがいたします。一国の総理というものは、このヴィジョンをこめた新鮮な一語を打ち出せるかどうかということです。いや一国の首領に限らず、経営者の代表が、言霊《ことだま》のこもった一語を一枚看板に掲げることができるかどうか、これが指導者の条件の一つとも言えましょう。

さて、先生が、日本民族の使命として、**「東西文明の融合への具体的縮図づくり」**をもってせられたのは、傾聴に値する独創的な言葉と思います。そして、その資格と力量をもつ唯一の民族こそ、日本民族であると、自覚を促しております。

それは何ゆえかと言えば、第一に考えられるのは、有色人種の中で何より単一民族にしてきわめて濃度の高い文化水準に達している点。第二には、英語圏の横文字のみならず漢文字を自由に駆使できること。第三には、四囲海に囲まれた島国であること。それは何ゆえかといえば、韓国や北朝鮮を考えるだけで十分だといえましょう。

とにもかくにも、人生においても、事業体においても、ましてや民族においても、第一義の樹立、使命の自覚こそ先決問題といえましょう。

宇宙の大法

宇宙の大法とは、宇宙的真理ともいえるものです。それでは何を指すかといえば、一例をあげれば「物盛んなれば必ず衰う」ということです。これも「宇宙の大法」の一顕現といってよいでしょう。皮相的に考えますと、物が豊富になれば、心もまた豊かになりそうですが、この人間界では、なかなかそううまく問屋はおろさないのです。

――これが先生のお説であります。いま一つは、この現実界にあっては、「すべて物事は一長一短」だということです。これも「宇宙の大法」の一面です。科学的文明の発展により、何かと便利になり、スピーディになり、能率的になりありがたいことですが、その反面、物的繁栄の唯中におかれますと、とにかく心は弛《ゆる》みがちになり易いのでありまして、まさに「両方よいことはない」のであります。――これも講話の一節です。

ところで、今年は日露戦争百年に相当しますが、かつて、先生がこう申されました。「われわれ日本国民は、日清戦争に勝って、第一の弛みを生じ、さらには日露戦争によって、それが辛勝だったことも忘れて、それが第二の弛緩《しかん》を招来した。そして、日本の敗戦後、異常な緊張を余儀なくされたが、運よく経済復興をとげ、経済大国に列したが、今や精神的弛緩は、如何ともしがたい」

いま手元の新聞にデータが出ています。高校生の意識調査（二〇〇四年二月）「**男は男らしく**」に賛成したのが、中国八一％、米国六三％、韓国五四・九％、日本四三・四％。「**女は女らしく**」中国七一％、米国五八％、韓国四七％、日本二八・四％――「女は女らしく」に七割近く反対のようです。

「開かれたコンミューン」へ

いっとき「人間疎外」というコトバが流行《はや》った時期がありました。あまり適当なコトバではないですが、人間関係を疎《おろそ》かにする傾向という意味のようです。物質文明の利器の世界に溺れて、人間関係すなわち、ご縁を大事にしない時代の風潮を意味しているようです。

そうした時代への警告として対策として、いちはやく、「開かれたコンミューン」を提唱されたのが、森先生でした。しかも閉ざされたコンミューンでなく、開かれたコンミューンということは、開放的で出入り自由という意味です。コンミューンとは、共同体とか組織集団を意味します。

そうした開かれた同志集団が、しかも幾重にも重なりあった集団、しかもその中心代表が互いに手をとりあっている、そうした「開かれたコンミューン」づくりこそ、人間疎外の風潮への何より対策ではないか。

もっと具体的に言うなれば、お掃除グループの集団と、はがき同好会のグループ、読書会グループ、人間学塾のグループ、個人誌発行グループが、お互いに重なりあって抵触しない、これが「開かれたコンミューン」なのです。

かつて森先生主宰の「実践人」誌の表紙には、「**実践人はネオ行者**」と、「**開かれたコンミューンへ**」のスローガンが、明示されていました。この二ヶ条が、「人間疎外」の時代への二大対策として、時代の洞察の上で不可欠なものなのです。

そして最後に「開かれたコンミューン」づくりのために大事な一ヵ条をつけ加えさせて頂くなれば、
○「**ハガキ活用の練達者となること**」この一ヵ条がいかほど大切かは、
実行した者のみ知る功徳です。

『人倫的世界』

先生が七十歳前後においてものされた「哲学五部作」の内の一冊です。「哲学五部作」とは『即物論的世界観』を始め『宗教的世界』『歴史の形而上学』『日本文化論』と本書をさして言われています。その序文におきまして、「倫理道徳とは、これを他に向かって説くことが第一義諦ではなく、とにかくに自らの実践こそが第一義諦と考えるものです」とあります。「さればこの書は、わたくしが今生において公にする唯一の道徳人倫に関する理論的な著述といってよいわけです」とあります。

ところで、かつてこの書を、『日本文化論』と共に、心して納得しつつ、愛読した記憶があります。各章の委細についても大いなる教導をうけたわけですが、結びの一篇の「人生の意義と幸福感」は、十ページ足らずのものなので

すが、先生の宗教観・道徳観の渾然一体なるものを痛感いたします。そして
いかにささやかでも、「無償の行為」の貴さについて力説下さっております。
なお、先生の「人生の意義」についての単純明快なるお説に心の底から共鳴させられます。

○　結局われわれ人間は、㈠自分が天より享《う》けて生まれた天分をできるだけ発揮すると共に、㈡さらに多少でもよいから人のため世のため尽くせたら、人としてこの世に生まれた甲斐はあるといえよう。

○　幸福は直接これを人生の目的として求むべきものではなく、真の幸福は人生を正しくまともに生きる人に対して、いはば天から恵まれるもの。

○　人生の唯一最大の真理の自覚の端的な表現は、「人生二度なし」の真理に他ならず、さらに直下に燃焼すれば「念々死を覚悟して真の生となる」の一語の他ないであろう。

『日本文化論』

齢七十一歳にして『哲学五部作』の最終篇として書きあげられたのが『日本文化論』です。そしてこの書もわずか、正味十一日間にして、下稿を書きあげておられ、全く驚きの他ございません。

そして本書の根本テーゼは、**わが国の島国性の力説とその展開**であります。

ある時、平たいコトバでおききしました。

○島というのは、一種の円の変形である。円は中心をもつ。万世一系の天皇を頂くのはその故である。中心にも実中心と虚中心の楕円の二中心あることを忘れてはならぬ。

○島国ゆえに、他民族の侵攻を受けなかったために、民族としての根源的エネルギーの根が犯されずにすんだ。この根源的エネルギーをわれらの祖先は、「神《かん》ながら」と称した。「神ながら」とは、民族生命の原始無限流動である。
○徳川三百年の永きにわたる鎖国政策は、一種の断食であって、外来文化の儒教の完全消化に役立ったわけである。これゆえ第一の開国の明治維新を容易ならしめた。
○第二の開国ともいうべき敗戦革命は非主体的革命を余儀なくされたが、明治百年と戦後二十年の奇しき暗合を思うべきである。
ところでこの書の校閲を、民族学の大家の宮本常一氏に托しておられますが、宮本常一氏は、天王寺師範専攻科時代に、森信三先生から哲学を学んでおり、宮本氏はその著『民族学の旅』において「一種近より難いものを持っていたが、人をひきつける魅力を持っており、その講義を聞く人は多かった」と述べておられます。

腰骨のネジを

すでに先生は八十歳を過ぎておられた。南海線岸和田駅ホームで迎えたわたくしは、開口一番、質問を発しました。「八十歳をすぎたご年齢で、今なお旅に執筆に、大学出講そして講演と、八面六臂《はちめんろっぴ》の超人的ご活躍ですが、その秘訣は何でしょうか」と。すると即座に、「それは、第一、人生二度なしを体認し、その肉づけとして一生腰骨を立てつゞけて来たお陰でしょう。第二に、やはり個人的な逆境による辛酸のおかげでしょう。第三に、一生マスコミに無縁で、世間的に有名でなかったお陰でしょう」とのことでした。ナルホド、天は正直、天は公平という真理が、先生の身の上にも働いているのかと思いました。

そして身心相即道として立腰の大切さを改めて思うのでした。

ところで大事なことは、「人生二度なし」の自覚体認と共に、「立腰」の即身道の相即不離これが、大事なんだと教えられたことでした。不尽エネルギーの原動力もここにあるのだと気づきを頂きました。

それに加うるに、㈠数々の逆境による、心身両面にわたる鍛錬の忍耐力、㈡それに、マスコミの挑発から無縁で、主体性の統一力の維持等が考えられるわけです。

それにしても、立腰については、先生は十五歳の時以来、それに目覚め生涯守り続けられたわけですが、私の場合は、三十八歳にして、先生の示教によって、初めて自覚に点火されたわけです。ある時、先生はフトもらされました。

「自身を省みてややゆるみかけたかと思ったら、自分の腰骨のネジをキリリキリリと、自らしめあげるのですよ」と。

丹田常充実

いまわたくしの部屋に、不尽先生揮毫の書「丹田常充実」を掲げております。この書は、昭和六十年ごろの元旦試筆として書き遺されたものです。先生は、十五歳にして静坐の師岡田虎二郎先生の、兀坐《こうざ》の姿に打たれ、それ以来、静坐立腰に最大の関心をもち、身心相即の道を日夜わすれることなく精進三昧されました。

申すまでもなく、「立腰姿勢」の三条件とは、㈠腰骨（第三腰椎）をおへその方へつき出す㈡あごを軽くひき両肩の力をぬく㈢下腹部に力をややこめる——の三つです。「丹田常充実」とは、下腹部に意識して力をこめる状態なのか、それとも無意識的におのずから力がこもった状態なのかと言えばと問われるなれば、その両方の融合と言えそうです。

ところで、先生は、八十歳を迎えた心境として、いよいよ「丹田常充実」の実感をおもちでありますと共に、「行動俊敏」を心がけられました。かの傑僧、沢木興道老師は、平たく「坐禅は、のぼせを下げること」と言われましたが、平易な決まり文句です。

さて、静坐の祖、岡田虎二郎先生の名語録を味うことにしましょう。

★坐するに方三尺のところあれば、天地の春はこの内に漲り、人生の力も、人生の悦楽もこの中に生ずる。

★静坐は真に大安楽の法門である。

★丹田が神性の殿堂である。傲慢・横着・うつ気・疑心などは、皆丹田の力の抜けた時におこる。

かの詩人の坂村真民先生にも、かつて墨痕あざやかに「気海丹田」を書毫頂いております。

挙手のあり方

「実践とは、飛躍・断絶・決意です」と、言われたのに、かつて驚きました。知識をいくら積み重ねても、あくまでも平面的です。それに反し、実践は、立体的です。平面的な世界から、立体的世界への躍入には、飛躍そして断絶が必要です。断絶とはギリギリの強力な語感ですが、捨離放下することでしょうか。それでこそ、決意につながるのです。

話は主題に戻りますが、「挙手のあり方」について、これほどまで説得せられたのは、森先生の身心相即の哲学によります。

ところで、「挙手のあり方」ですが、これが何より大事な理由は、何かと言えば、それは、挙手は決意の表明だからです。こうした挙手のあり方まで、規定したのは、まずは森先生が初めてではないでしょうか。

さて「挙手のあり方」についてですが、

○挙手は、行動的な「しつけ」の第一であって、**断乎たる決意の表明**ともなる。挙手については、①五本の指をそろえ、②ついで垂直にあげること、③そして最後に俊敏に!!――という三つが何より大事なのです。

ところで、一見したところ瑣事《さじ》とも思われる事柄に、先生独自のきまりを設けるところに、先生の特質があるとも言えそうです。

たとえば、「履物をそろえる」とか、「ゴミを拾う」また「瞑目合掌」とか日常平凡行のすべてが、大いなる意義があり、その人の生活習慣を改めるほどの威力のあることを実感として教えられつつあります。

この「挙手のあり方」一つも、人間教育上、どれほどの力があるか、すべて、行じた者のみの領解せられるものです。

自銘の句

敗戦を、異国の地新京で迎えた、先生は、シベリア送りだけは、通訳をつとめた、白系露人の教え子のおかげで助かりましたものの、隠れた日本人の所在を密報せよとの命には随えず、新京脱出。教え子一人を伴い、奉天に辿りつく。そして、源田家に寄留。その間、街頭易者に変じ、やっと露命をつなぐ。なれどいつまでも甘えられず、教え子を随え、廃屋同然の部屋にて、零下四十度凍餓死すら覚悟。再三の勧めで隣家の温情により救われる。そして帰国。

これが、敗戦後の概況ですが、そして帰国して直後、自覚せられたのが上記の「自銘の句」であります。渡満以前から、先生の内なる悲願は、日本の教育のために心血を注ぐことでありましたが、敗戦の生死の厳頭に立つ痛烈

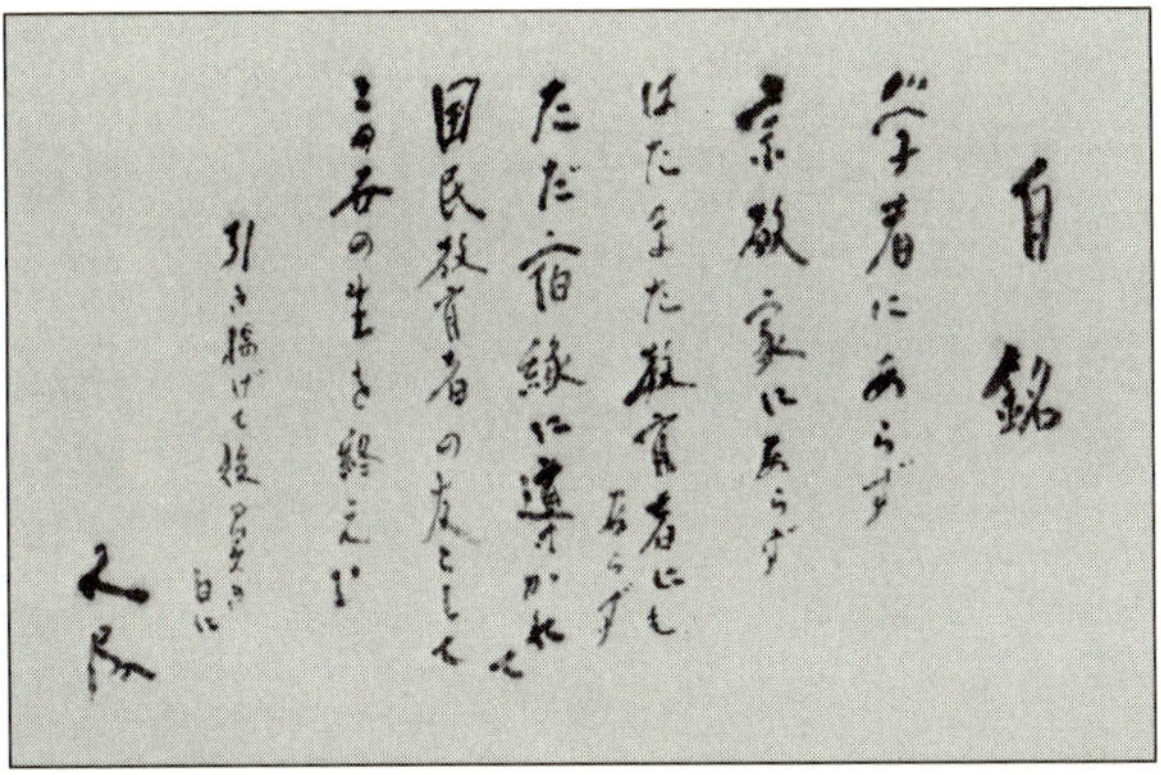
自銘
学者にあらず
宗教家にあらず
はたまた教育者にもあらず
ただ宿縁に導かれて
国民教育者の友として

な体験を通して、より深き自覚と決意と、覚悟を促されたのでした。その自らへの表明が、この「自銘の句」であります。

私流に解釈するならば、わたくしは学者をめざしているのではない、ましてや宗教家たらんとしているのでもない。さらば教育者たらんと目指しているのかと一般に思われるであろうが、これさえ私にとってはおこがましい限りである。今は、縁あって、国民教育者たらんとする方々の友として、この生を力の限り尽しえたら満足であると。何と徹底最下の謙虚さと覚悟の表明ではないでしょうか。

日本民族の再生を

いま、昨年出版の『修身教授録抄』と『新たなる人間の学』の二冊を手にしています。前者は、先生が四十歳前後において、大阪天王寺師範学校一部生への講義抄録であり、後者は、七十五歳にして執筆せられた『幻の講話』(全五巻)の一巻精要であります。

そのいずれも若き学徒への人間教育、人間啓発の書でありますが、前者がその最初の講義録であり、後者は、最後の講義録であります。そして前者には教育的至情の烈々たるを感ずるに反し、後者は、まことに諄々と道を説く、老哲学者の風姿を感ずるのであります。その違いこそあれ、その胸中の根本において、国家民族の将来を思い、対する青少年ひとりひとりの可能的運命を思う点において、大いなる共通点を有するものであります。

先生の名語録集の『一日一語』において、
○一眼は歴史の彼方に、他の一眼は脚下の実践に――
とありますが、日本民族の現状を直視し、とりわけ戦後教育の過誤を見守って来られた先生にとって、憂慮にたえないものがおありだったことでしょう。随って、獅子奮迅の勢いで、全国行脚をもって、道を説くと共に、一方、集中的な執筆活動をもって独自の対策を力説しつゞけられました。

そして戦後六十年の節目にあたり生誕百十年、没後十四年を迎える今年、いよいよ、先生の遺訓に耳を傾け、学ぶべきは学び、おのが人生の歩みを正すより、教育再建の道なきを痛感するに到っております。

「国家百年の計は教育にあり」と言われておりますが、今こそ教育再建の道を、家庭に学校に職場に実践すべき時の到来を感じております。

● 世界史は神曲なり。されば軽々しく正邪をいう勿れ

● 「極陰は陽に転じる」——これ宇宙の大法なり

● 人類の歴史は廿一世紀よりその後史に入らむ

● 物の世界は進むばかり、人間の世界は降るばかり

● 民族の教育再建はまず「立腰教育」から——

おわりに

今生最後の願いをこめた本書に、お眼通し頂いた読者諸兄に、つつしんで御礼を申し上げます。今やご生前の師影に直接接し教えを頂かれた方が、次第に減少しつつあります。その反面ご生前、ひと目なりともお会いしたかったと熱望される方が、増えつつあります。こうしたお声を聴くにつけても、先生の立体像の片鱗でもお伝えできたらと願い、拙いペンをとりました。またそれが、わたくしの務めでもあるとさえ思いました。

随聞記といえば、道元禅師のお弟子の懐奘《えじょう》の遺された『正法眼蔵随聞記』という歴史的名著があります。わたくしの愛読書の一つでありますが、到底、本書は、比較すべくもなく、その足元にも及ばぬものを承知しており、まことに生涯の師の不尽先生には、申訳ない忸怩たる思いもあります。

しかしながら、書かないであとあと後悔をのこすよりは、書いて後悔のほぞを噛むほうがましだと思いました。それはともかくも、たとえ、師の片影の一端でもお粗末な筆をもってお伝え出来たら幸いのいたりであります。その上、多く引用させて頂いた片言隻語の内の一語たりとも、お心に留めて頂けたらこの上ない喜びであります。

本書の結びとして、この出版をおひきうけ頂いた致知出版社の藤尾秀昭社長さまのご厚配に、謹んで御礼を申し上げます。昨年、森信三先生の恩師の西晋一郎先生の語録集たる『人倫の道』を出版頂いたご厚情を思い、重ねて茲《ここ》に深謝申し上げます。また編集部の大越昌宏氏にも御礼を申し上げます。

平成十七年六月三日

寺田一清
（不尽叢書刊行会代表）

●森　信三先生・略歴

明治29年9月23日、愛知県知多郡武豊町に端山家の三男として生誕。両親不縁にして、3歳の時、半田市岩滑《やなべ》町の森家に養子として入籍。半田小学校高等科を経て名古屋第一師範に入学。その後、小学校教師を経てより、広島高等師範に入学。在学中、生涯の師西晋一郎先生に邂逅。のち京都大学哲学科に進学、西田幾多郎先生の講筵に侍る。

大学院を経て、天王寺師範の専任教諭となり、師範本科生の修身科を担当。のち旧満洲の建国大学教授（44）に赴任。50歳にして敗戦。九死に一生を得て翌年帰国。幾多の辛酸を経て、58歳神戸大学教育学部教授に就任。65歳をもって退官。70歳にしてかねて念願の『全集』25巻の出版刊行に着手。同時に海星女子学院大学教授に迎えらる。

77歳長男の急逝を機に、尼崎市立花町にて独居自炊の生活に入る。80歳にして『全一学』五部作の執筆に没頭。86歳脳血栓のため入院。88歳より神戸の三男宅にて療養。89歳にして『続全集』8巻の完結。97歳、平成4年11月21日逝去せらる。

〈著者略歴〉

寺田一清（てらだ・いっせい）
昭和2年大阪府生まれ。旧制岸和田中学を卒業。東亜外事専門学校に進むも病気のため中退。以後、家業（呉服商）に従事。昭和40年以来、森信三氏に師事し、著作の編集発行を担当する。社団法人「実践人の家」元常務理事。不尽叢書刊行会代表。編著書に『心願に生きる——森信三先生の人と実践』『鍵山秀三郎語録』『心魂にひびく言葉　森信三語録』『石田梅岩に学ぶ』『森信三　一語千鈞』『西晋一郎語録　人倫の道』『姿勢を正し声を出して読む　素読読本「修身教授録」抄』（いずれも致知出版社刊）などがある。

森信三先生随聞記

平成十七年八月二十日第一刷発行

著者　寺田　一清
発行者　藤尾　秀昭
発行所　致知出版社
〒107-0062東京都港区南青山六の一の二十三
TEL（〇三）三四〇九—五六三二
印刷　㈱ディグ　製本　難波製本

ISBN4-88474-724-0 C0095
ホームページ　http://www.chichi.co.jp
Eメール　books@chichi.co.jp